雙起賠保險

證券市場風險管理之新策略

王言、金鐵英、柯俊楨、鄒建中、顧純萍／合著

作者序

由於氣候與地球生態環境之丕變，傳統上以危險承擔的概念也有所改變，並重新思考風險控管之選擇，以致啟發了危險可移轉，風險可投資的另類思維，進而開始研討各種風險控管之多元性解決方案。

因不同於傳統危險承擔之制式設計，另類風險解決方案主以風險承受方（企業體）之風險持性與防範需求進行客制化之規制，最終達成目的除風險管理外，亦需提升經營效率。近年來，先進國家在另類風險解決方面的發展，尚在初創階段，為我所關注，2006 年於朝陽設立「另類風險轉移教學平台暨研究中心」提供探討空間，實具前瞻意義。

本文除個人外，係由金鐵英，柯俊楨，鄒建中以及顧純萍合著而成，其中內容之規劃，除期能引發保險業與證券機構在風險管理方面之創新思維外，亦能運用在教學之個案討論課程，以達拋磚引玉之功效，使更多專家學者與研究生皆能參與。

王言

作者簡介

王　言

美國明尼蘇達大學（University of Minnesota）博士

現　任：朝陽科技大學財務金融系副教授

金鐵英

澳洲國立德肯大學墨爾本分校

（Deakin University Melbourne Campus）博士

現　任：朝陽科技大學財務金融系副教授

柯俊禎

美國德拉瓦大學碩士

現　任：朝陽科技大學財務金融系助理教授

鄒建中

台灣師範大學博士

現　任：朝陽科技大學財務金融系助理教授兼系主任

顧純萍

朝陽科技大學碩士

現　任：專案研究

目次

表目次

圖目次

摘要

目前證券市場之風險管理策略係由全體證券商及證券交易所提撥共同責任制交割結算基金，以維持證券交易之信用並保障投資人。惟共同責任制交割結算基金整體制度具有諸多缺失，又依違約交割風險之風險特性對照風險管理決策法則，保險應為較佳之風險管理機制，且主管機關及學界已有以保險替代共同責任制交割結算基金之想法，但傳統保險較不適宜承保違約交割風險，因此本研究擬以新興風險移轉技術中之雙起賠點保單取代證券商所提撥之共同責任制交割結算基金部分。

本研究係採質性研究方法針對共同責任制交割結算基金與雙起賠點保單，依企業選擇風險管理工具之標準再以證券商之立場採用 SWOT 分析以評估何者較適合作為證券商之風險管理策略；最後所得之結論為，雙起賠點保單為一證券交易違約交割風險管理之較佳風險管理策略。最後就上述的探討，提出結論與建議，以期經由證券市場風險管理策略之改善，使證券交易運作更加順暢，進而使經濟發展更加穩定。

關鍵字：共同責任制交割結算基金、新興風險移轉、雙起賠點保單、臺灣證券交易所

Abstract

In order to secure the credit of stock transactions and protect the companies' investments, the risk management policy of securities houses in Taiwan is originated from a Joint Clearing and Settlement Fund of Securities Houses and the Stock Exchange Corporation. Generally speaking, the policy of Joint Clearing and Settlement Fund still causes several disadvantages of risk management, especially in default risk.

From the point of cost concerns, the alternative solution – insurance - has been widely discussed to replace the Joint Clearing and Settlement Fund policy. However, the true practice of the solution is never built in more detail.

In this study, we were trying to explore the possibilities of activating an insurance policy based on the idea of the ART for the current default risk management of securities houses, which has never been used in securities market. The results came to an optimal solution of double-trigger insurance model.

Key words: The Joint Settlement and Clearing Fund; Alternative Risk Transfer（ART）; Dual-Trigger Insurance; Taiwan Stock Exchange

第一章　緒論

本文期以創新之概念，為複雜的證券市場風險控管機制中，提供另類之解決模式。

第一節　研究背景與動機

證券市場是國家經濟發展的櫥窗，也是直接金融的軸心，不僅協助企業籌措長期資金，更加強大眾對金融資產及投資管道的運用。在市場規模不斷擴大的同時，證券市場管理規章及措施亦須適時檢討，以促進證券市場的健全發展[1]。台灣的證券交易包含了三個交易市場——集中市場、櫃檯買賣市場，及期貨市場，目前各市場為維持市場交易秩序之穩定各有其風險控管機制，且三市場各有一套防範風險的結算交割基金制度；惟自 2002 年元月以來，國內金控公司紛紛成立，商業銀行將證券與期貨商納入

[1] 陳麗珠（2001，12 月 22 日）。顏慶章：〈放寬漲跌幅　股市穩定後再定奪〉，自由電子新聞網。資料來源：http://www.libertytimes.com.tw/2001/new/dec/22/today-e2.htm

金控公司，對該金控集團而言，重複繳交結算交割基金，使公司資金調度無法靈活運用，大筆資金繳存於三個不同單位，彼此間無法流用，無法發揮規模效益[2]，因此三市場間存在著無法整合風險控管機制的缺點，對我國證券市場欲健全發展亦為一大隱憂。而交割結算基金之設置目的乃在維持整個證券交易市場的交割秩序，以確保證券市場的正常運作，並保障廣大的投資大眾，避免因某一證券商之違約，而導致整個市場無法交割之系統風險。交割結算基金之來源為各證券商（包括證券商及自營商）所繳交，共同責任制交割結算基金則是除了證券商外，尚有證券交易所加入提撥，依主管機關規定，共同責任制交割結算基金總額須在新台幣 50 億元以上[3]，且須以現金繳交，不過「交割結算基金」自民國 77 年成立後券商違約交割僅有八例，且只有其中四次動用交割結算基金，平均損失金額將近 20 億，係屬損失頻率低，損失幅度大之風險特質（請參見表一），而依選擇風險管理策略之參考標準，誠以保險承擔為最佳之控管選擇[4]（請參見圖一），而「共同責任制交割結算基金」機制規範證券商繳存五十億現金，在損失頻率低，而損失幅度已有完善監控之情況下是否有其必要性，值得進一步探討。

2 劉德明、蘇秀玲、高儀慧（2002），設置集中結算機構問題研究──集中結算機構設立方式與組織型態分析，臺灣證券集中保管股份有限公司委託研究計劃，台北，頁 20。

3 臺灣證券交易所網頁，http://www.twse.com.tw/ch/clearing/joint.php

4 柯冠瑛（2008），我國證券金融機構設置專屬保險之之可行性──以臺灣證券交易所為實例，碩士論文，朝陽科技大學，台中，頁 13。

表一、交割結算基金之違約交割案例及動用金額明細表

單位（億元）

序號	案名	日期	共同責任制交割結算基金動用金額
1	長利證券違約案	81/05/28	2.6
2	厚生股票違約案	81/09/17～81/09/19	38
3	華國股票違約案	83/10/05～83/10/07	33
4	順大裕股票違約案	87/11/24～87/11/26	5.86
交割結算基金總動用金額			79.46
交割結算基金平均動用金額			19.865

資料來源：柯冠瑛（2008）。

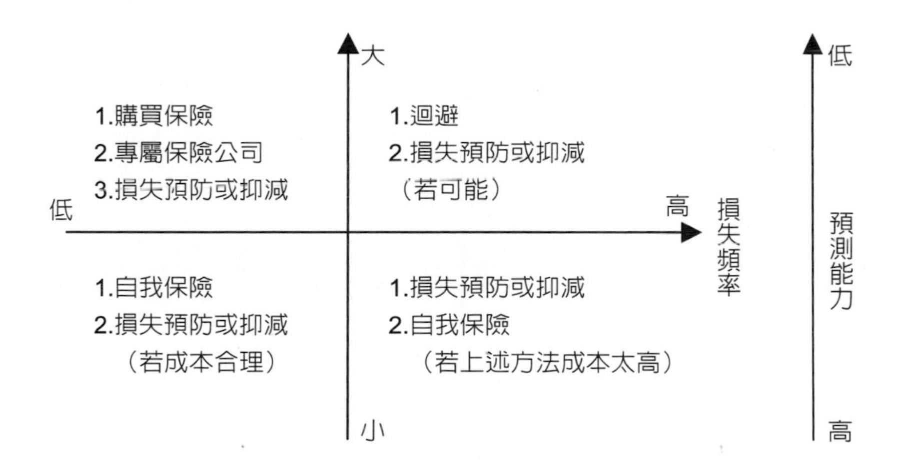

圖一、選擇風險管理的策略[5]

資料來源：柯冠瑛（2008）。

[5] 參閱吳君誠（2007），風險管理與保險課程講義，未出版，東吳大學。管理風險的工具（二）。

反觀世界各國為降低結算交割風險，改善結算交割作業環境，以建構安全、便捷、有效率之結算交割制度，大多在推動縮短交割期[6]，誠如前財政部長顏慶章的看法，證券市場的管理規則及交割結算措施亦需適時檢討，因此主管機關基於不同的理由亦會適時的將證券交易之相關制度做一修正及革新。而我國之證券交割制度亦於 2009 年 2 月 2 日起實施「T＋2 日款券交割制度（DVP）」。所謂 DVP，是 Delivery vs. Payment 的縮寫，究其字義，是銀貨兩訖，一手交款，一手交券的意思，在結算交割制度，一般譯為款券對付、款券兩訖、款券同付，目的在確保買賣雙方的本金安全（security of principal），確保證券市場款券的收付安全[7]，而新制與舊制最大的差別在於舊制的款券交割日間隔一天，新制係款券同日交割（請參見表二）。

表二、「T＋2」款券交割新舊制比較

舊制	新制
投資人對券商付款、 付券為「T＋1」日中午 12 時前	投資人對券商付款、 付券為「T＋2」日上午 10 時前
投資人對券商收款、收券為「T＋2」日券商向證交所完成款券交割後	同舊制
註：T 代表下單交易日	

資料來源：蕭志忠（2008）。

[6] 毛祈財、莊秀珍等人（2002），「縮短結算交割期之探討」，臺灣證券集中保管股份有限公司。

[7] 蔡鴻璟（2008）「T＋2 日交割制度（DVP）之說明」。證券暨期貨月刊，第 36 卷第 11 期，頁 31-36。

依據證券交易所的說法，款券交割新制將使投資人交割時間更為充裕、公平和國際接軌[8]，而縮短交割期制度其最主要目的在降低證券交易市場之相關風險，提昇市場運作效能，而交割週期之縮短除了可降低市場違約交割風險外，且在款券兩訖之交割模式下亦可減少市場信用風險。[9]換言之，在證券交易款券交割新制之實施下會大大的降低違約交割情事之發生機率，而共同責任制交割結算基金依主管機關規定，證券商提存總額須在新台幣 50 億元以上[10]，又依據朝陽科大保險所柯冠瑛（2008）「我國證券金融機構設置專屬保險之可行性——以臺灣證券交易所為實例」研究中顯示交割結算基金具有損失頻率低、損失幅度高之風險特性[11]，原先損失頻率便已相當低再加上款券交割新制之實施更使違約交割事件發生的機率再降低，加上主管機關對證券交易早已實施多方面之風險監督措施，一方面針對證券交割制度例如「全面款券劃撥交割制度」、「股市監視制度」，二方面加強對證券商及上市、上櫃公司財務之監督：例如證券商部份有「證券商之資本適足性需達 150%」，上市上櫃公司部份有「上市、上櫃公司財務業務危機預警制度」，因此綜觀主管機關已對證券交易制度實施之各項風險控制策

8 蕭志忠（2008，11 月 26 日），T+2 款券交割新舊制比較。經濟日報。
9 毛祈財、莊秀珍等人（2002），「縮短結算交割期之探討」。臺灣證券集中保管股份有限公司。
10 臺灣證券交易所網站 http://www.twse.com.tw/ch/clearing/joint.php
11 王言、柯俊禎、柯冠瑛，2008 年 6 月 15 日，〈我國證券金融機構設置專屬保險之可行性——以台灣證券交易所為實例〉，證交資料。

略，是否真有必要累積鉅額資金以防範發生機率很低的違約交割事件。且此種風險管理策略之風險管理成本還必須加上證券商，若因此一風險管理措施之實施造成資金無法靈活運用，反而可能因此導致證券商無法產生更多的財務利潤，造成無形的損失。而一個好的風險管理制度係要能以最低的成本將意外事故發生所帶來的損失減到最低，反觀此一款券交割新制之實施，不僅降低違約交割風險發生的機率，同時亦突顯規範證券商繳存高額共同責任制交割結算基金之不合理處。

而款券交割新制實施之同時，主管機關亦可同時省思現行證券交易風險管理機制之共同責任制交割結算基金，是否為一最適合目前我國證券市場運作現況之風險管理措施或是有更符合風險管理定義之新措施。

基於證券商對交割結算基金的疑義，台灣證券交易所已積極研擬「共同責任制交割結算基金」，採香港、新加坡模式，將部分金額以「保險方式」取代現行全部以「現金」繳納方式[12]，而又有其他學術研究探討以專屬保險公司取代「共同責任制交割結算基金」。亦有學者在報紙上發表自己意見，說明我國在證券交易過程中，對於違約交割的處理，我國已有賠償基金、交易保證金等配置，相較於部分國家則是以保險做為證券交易之風險管理機制。採保險機制的情況可分為兩種，一是用交割結算基金利息買保險，二是要求證券商買保險[13]，亦有學者主張應引進國外成

12 蕭志忠（2007），基金結算納入保險降低違約交割風險。經濟日報，B2版。
13 李志宏（2004，4月25日），引進國外成熟制度。經濟日報，24版。

熟制度，以取代目前採行的共同責任制交割結算基金，且陳志宏（2006）在「就風險控管之觀點評析我國現行證券市場『共同責任制交割結算基金特別管理委員會』之效益」的研究中所得到的結論認為，若在適法性、即時性等因素都能加以克服之情況下，未來「共責制基金」以「保險」方式替代，被認為是可以考慮接受的選項之一。

可見在證券交易中，有關於證券結算交割的風險控管，未來趨勢為朝向由保險作為降低證券交易時的違約交割風險之風險管理工具，提供維護市場交易安全的功能。但隨著保險市場與資本市場環境不斷變遷，各種創新的金融商品不斷被開發，使金融業者在營運的過程中遭遇到較以往更多樣化又複雜的風險型態，為因應此趨勢，保險業於承保金融業相關風險時，均採較靈活的風險管理策略，無法以一般傳統保單來承保證券交易的風險，但保險業也不斷的開發新興風險移轉（Alternative Risk Transfer ART）商品，新興風險移轉商品更成為現階段保險業所倚重的風險移轉工具，用以拓展保險業可承保的金融風險，並擴大保險業的承保能量。

由於交割結算基金特殊之風險特性即損失頻率低、損失幅度高，對於此種損失金額較大且發生頻率又低之特殊風險性質，現今市場上多無法以購買保險方式來移轉風險可能造成之損失；又在 2009 年款券交割新制實施後更可看出目前證券市場之風險管理機制，也就是共同責任制交割結算基金並不符合證券商的利益，甚至有害於證券商之利益，實有必要加以改革。

表三、風險管理之決策法則

損失頻率	損失幅度	決策方法
低	低	損失預防或抑制
低	高	保險
高	低	自己保險或自留
高	高	迴避風險

資料來源：Erik Banks（2004）

而傳統保險對於新型風險承保能力明顯不足，尤其是金融市場的風險，但隨著科技進步，各種風險型態也不斷演進，因此新型態的風險移轉商品，（Alternative Risk Transfer ART）便應運而生，使得可保風險的範圍得以拓廣。由於新興風險移轉商品的開發，使許多原先被認為不可保的風險，透過新興風險移轉商品的開發，成為可保風險，更讓保險業可提供保障的範圍逐漸擴大。

一般傳統型的保險商品較不適合承保證券交易風險，因此保險業如欲加入承保共同責任制交割結算基金保險業務，勢必需以新興風險移轉工具，聯結保險市場與資本市場，所以本研究擬以雙起賠保單應用於交割結算基金的業務，其原因如下：

就目前已了解之交割結算基金之風險特性再比對風險管理之決策法則（請參見表三），可知採用保險是較符合違約交割風險之風險特性的決策方法，由此點可看出證券交易之違約交割風險；並依其風險特性，再對照風險管理決策法則，保險應為較佳之風險管理策略。

Banham（1999）記載到目前為止，大約二十多項雙起賠點保單在市場中已經被完成了。惟在有效的雙起賠保單中多與能源產業相關，雙起賠保單的購買者多為電力公司、鐵路公司、醫院及再保險。分析這幾類雙起賠點保單的要保人可知所投保的風險特性應屬損失頻率低、損失幅度大，而交割結算基金亦同樣具有損失頻率低、損失幅度高之風險特性，對於此種損失金額龐大以及損失發生頻率低的產業，並對照目前雙起賠點保單所適用的產業，正符合此種特殊風險性質，因此在同樣的特殊風險性質下保險業可考慮以雙起賠保單承保證券業的違約交割風險以取代交割結算基金。

雙起賠點產品具有節省保費，提升資本效率以及量身訂作等更切合要保人需求的優勢，惟雙起賠點保單之所以不同於傳統的單一起賠點（single trigger）保單，原因在於雙起賠（double trigger）點產品規定只有在二個事件或風險同時發生的情況下，保險公司才支付賠款，支付賠款的第二個啟動條件常常連結保單持有人無法影響的指標，來避免道德風險；此起賠點的變動應與保單持有人的財務利益有很強的相關性，才能減少基差風險的產生[14]。

但站在投資人保護的角度來看，陳樹（2008）表示，違約交割最早知道可能發生的是炒作者，再來是交易券商，其次是券商同業，再來是證交所，接著才是證管會，最後才是證管會主委。

[14] 王奎雯（2006），雙起賠點再保險之訂價，碩士論文，朝陽科技大學，台中，頁 1。

證管會藉由成立基金，讓券商自己來監督市場，[15]依據證管會主委的說法，在證券交易中證券商亦為違約交割當事人之一方，由證券商監督市場似乎頗有「球員兼裁判」的意味，有失公允；而由證券商成立以 50 億的鉅額現金來做為證券市場的風險管理策略，造成證券商資金無法靈活運用情況，確實為基金成立時所始料未及的，一旦發生違約交割事件，就證管會主委的看法，金融主管機關對於違約交割事件中，若有違約情事除應事先加以預防，並應在事前規劃良好的交易保證制度，但事實上主管機關卻最後一個才知道，又如何提供證券交易中較弱勢的投資人保障？若可將證券市場的風險控管交由保險業，使保險業成為證券交易中的風險監督者，將有利於投資人的保障，亦可擴大保險業之承保範圍，對金融主管機關而言不啻為對兩項主管業務發展之一種革新與助力。

由保險公司設計出適合證券交易風險之保險商品提供專業之風險控管服務，將風險移轉給保險業，可讓保險機構成為證券交易風險的監督者，如此一來對證券商而言可將風險管理部分交由風險管理專業之保險業，而證券商專注於本身的內控及財務規劃，如此一來，證券商不會有大筆資金無法靈活調度的問題，亦可使風險得到移轉，如此一來證券商之財務得以建全發展，既可降低證券商違約交割比率，又可使投資大眾的權益受到保障。證券交易風險管理採保險做為風險管理策略，應為一舉數得之最佳辦法。

[15] 薛翔之、彭禎伶（2008，5 月 30 日），銀行退場擬由共保力量執行。工商時報，A2 版。

基於以上動機，本研究擬探討雙起賠保單對交割結算基金的替代性以及保險業以新興風險移轉技術中之雙起賠點保單做為證券交易風險管理機制的可行性，並依據實際情況規劃雙起賠保單之基礎架構，再依選擇風險管理策略之比較標準分析共同責任制交割結算基金與雙起賠點保單兩項風險管理工具間之差異，以評估雙起賠點保單取代共同責任制交割結算基金成為證券商之風險管理機制之可能性，進而使證券交易的風險控管機制更加完備。

第二節　研究目的

為使本研究分析符合整個證券市場的運作，使證券交易風險在交易過程中可能產生的風險得到移轉，以確實符合證券市場的需求，本文擬採質性的研究方法，以國內外有關於交割結算基金及證券交易風險管理以及新興風險移轉領域之期刊論文為對象，並綜合以上之文獻，做分析、過濾的工作，進而建構雙起賠點保單基礎架構以利後續進行雙起賠點保單運用於證券交易違約交割風險管理之可行性研究，準此，本研究之研究目的包括：

（一）研究其他國家證券交易之風險管理方式以做為我國改善證券交易風險管理制度之參考。

（二）試圖規劃雙起賠點保單之理論架構，以利保險機構以雙起賠點保單進入證券市場成為券商風險控管監督者的機制。

（三）我國證券交易之違約交割風險提供另一種更符合風險管理準則的替代方案。

（四）評估以雙起賠點保單取代證券商所提撥之共同責任交割結算基金之可行性。

第三節　研究貢獻

（一）本研究試圖參考世界各國之證券交易風險管理機制來做為改善我國現行證券交易時違約交割之風險管理機制之借鏡。

（二）提高證券交易中對投資人的保護，使證券市場得以健全發展。

（三）解決交割結算基金成立後一直為證券商所詬病的缺失。

（四）促使證券交易風險管理策略改善，以吸引國際資金放心的投入我國證券市場，亦可使我國的經濟得以蓬勃的發展。

（五）若交割結算基金的功能由保險業來提供，好處是證券業及保險業均能因此一風險管理措施的改變上獲益。

（六）若本研究以雙起賠點保單替代共同責任制交割結算基金之概念具可行性，則可提供保險業以雙起賠點保單承保證券交易違約交割風險之發展方向。

（七）本研究可提供保險業對雙起賠點保單有興趣的業者如欲發展、規劃雙起賠點產品，可由本文得知雙起賠點保單之整體架構。

保險業如欲以雙起賠點保單承保證券交易之違約交割風險，本研究所規劃之雙起賠點保單基礎架構可縮短保險公司推出雙起賠點產品之研發時程。

如主管機關欲革新證券交易之風險管理機制，而需在法令方面做修改，本研究可提供參考方向。

第四節　研究限制

（一）本研究係居於要保人之立場，也就是證券交易中證券商之角度來規劃適用於證券交易之風險管理的雙起賠點保單，有關於產品之精算訂價，不在本研究之探討範圍內。

（二）經由歷次動用交割結算基金之明細表（請參見表一）中可看到四次動用交割結算基金之違約交割事件多發生於 80 年代，因時間較遠，當時違約交割事件之詳細資訊已不易取得。

第五節　論文架構

本論文總共分為八個章節　各章內容如下

第一章、緒論

說明研究背景動機、目的及架構。

第二章、文獻探討

針對新興風險移轉、雙起賠點保單、證券交易之風險管理三大領域之相關文獻進行探討。

第三章、研究方法

本研究採用質性研究針對新興風險移轉、雙起賠點產品以及證券市場的風險管理三方面的國內外文獻進行比較分析，並以比較分析法評估雙起賠點保單在證券交易的違約交割事件中是否具備替代交割結算基金的功能，再以 SWOT 分析評估雙起賠點保單與共同責任制交割結算基金，何者較適合作為證券商之風險管理策略。

第四章、證券交易之風險及風險管理策略介紹

本研究主要之研究領域在證券交易之風險管理，而在一般風險管理領域中不論是個人或企業第一步均是要對風險進行辨認

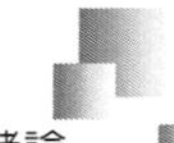

及分析；而在辨認及分析風險甚至選擇適宜的風險管理方法前，應對風險以及風險管理工具有足夠的認識，方能擬定或選擇一個妥適的風險管理方法或計劃，故本章將介紹證券交易之相關風險，再將共同責任制交割結算基金及雙起賠點保單兩項風險管理工具做一詳細說明，以利後序研究分析。

第五章、研究分析

本章針對研究方法中所建構之雙起賠點保單；以及所擬定風險管理策略之比較標準，探討以雙起賠點保單替代共同責任制交割結算基金之可行性，並針對違約交割風險之風險特性探討以證券交易過程中證券商之立場何項風險管理工具為最佳之風險管理策略；並針對以上之探討結果，做出結論與建議。

第六章、結論與建議

整理歸納本研究之結果，提出相關制度之建議。

第七章、後續研究建議

由於本研究因些許限制，在證券交易風險管理領域範圍中有部分未深入研究，因此本研究將此部分加以整理，提供有興趣者，後續研究方向，以期證券交易風險管理相關領域之研究能夠更加精進完備。

參考文獻

詳列本研究所參考之中英文書籍、期刊、論文、新聞報導、網站等。

第二章　文獻探討

第一節　新興風險移轉之相關文獻

本節針對新興風險移轉（Alternative Risk Transfer，ART）商品以及證券交易制度下之交割結算基金之相關文獻做一介紹，並且對於目前交割結算基金實施現況與雙起賠保單運用於證券交易違約交割情況做一比較說明。

在各行各業中金融業的風險管理又較一般企業複雜原因為：隨著市場環境快速變遷，同業競爭日趨激烈[1]，各類創新的金融商品與業務相繼開發，使得金融相關業者承受較以往更為複雜的風險型態，金融環境的演變使得保險業如欲跨足承保金融業所需承擔之風險，傳統的風險管理方式並不足以涵蓋金融業在營運過程中所可能遭遇到的情況，因此金融業所遭遇之風險可運用一種創新的新興風險移轉技術。

---

[1] 風險管理策略之演進資料來源：財團法人金融聯合徵信中心，http://www.jcic.org.tw/publish/010401.pdf

風險管理主要分為以下兩種：

1. 傳統的風險管理：損失控制、損失抑制和風險融資。
2. 較新型式的風險管理：包括了新興風險移轉市場，其風險管理方式為風險管理市場合併了創新保險以及資本市場的解決方案[2]。

- 陳秉正（2005）：到目前為止，對 ART（Alternative Risk Transfer）還沒有一個明確的定義。可以說，ART 是一類根據客戶的具體需要而設計的，可以提供多年度、多險種的綜合性保險商品，其目的在於提高風險轉移效率，拓寬可保風險的範圍以及透過資本市場來獲取更多的承保能力，ART 可以使企業對那些原來需要自己管理，但並無管理優勢的風險實現有效管理，從而提高企業抵禦風險的能力。

  和傳統的保險方式相比，可以承保傳統保險無法承保的風險，依據 Sigma 2004 第一期將新興風險移轉之保險產品歸納（請參見圖二）：

- Banks（2004）：多觸發原因產品即多重風險產品，多重風險產品代表 ART 市場的創新以及靈活運用，並逐步地擴展分割 ART 市場；由名稱中顯示，多重風險產品是一種結合各種不同的曝險值，多重風險產品種類（請參見圖三）進入一個單一契約的手段，因為多重風險產品提供損失後的財務基礎，故在一件或數件危險事件或相關財務事件發生後，給企

[2] Erik Banks（2004），Alternative Risk Transfer: Integrated Risk Management Through Insurance, Reinsurance, and the Capital Markets.

業一種有效且具有成本效益的風險解決辦法，而通常在多重風險保障下的結果，其金額較個別計算便宜；一般多重風險產品的特色是將風險移轉進入單一契約，然而一個整合的計劃經常會以各式各樣的手段、計劃或結構為特色，如多種危險曝險；儘管如此，其概念和邏輯產生的原因都是非常類似的。

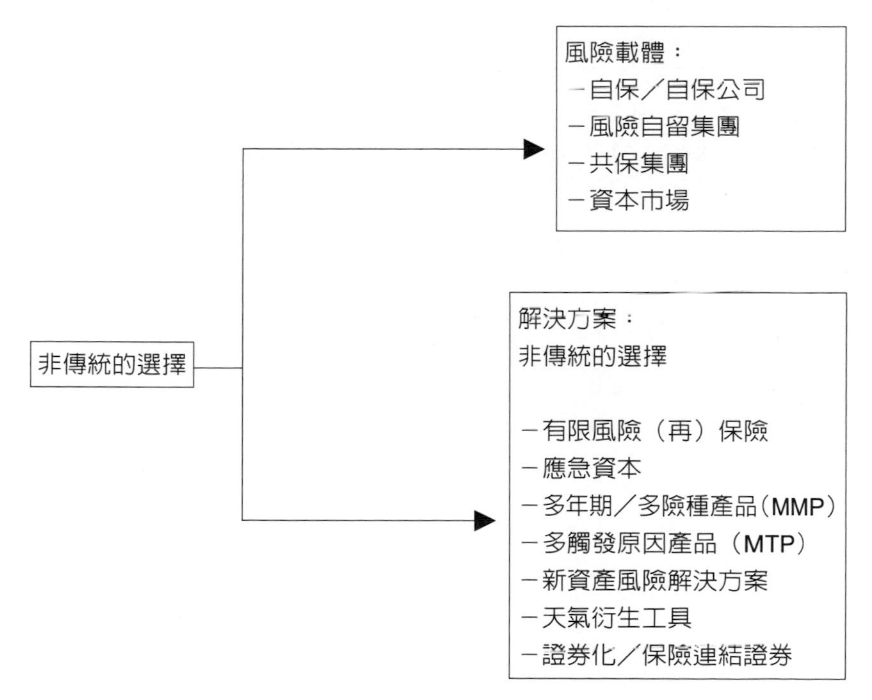

圖二、ART（另類風險移轉）的市場分類

資料來源：Sigma No.1/2004 The picture of ART

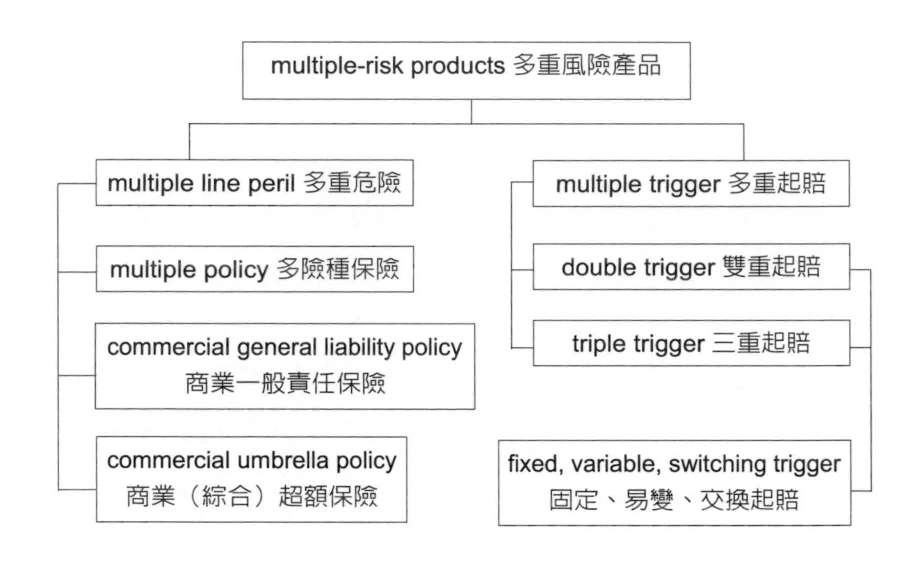

圖三、多重風險產品種類

資料來源：Banks（2004）

多重風險產品又區分為

1. 多重風險產品：契約提供多種相關或不相關的危險承保範圍。
2. 多重起賠產品；契約所提供的承保範圍只有在多起事故發生下才理賠。[3]

[3] Erik Banks, Alternative Risk Transfer

- 金管會 94 年度海外工作研習計畫新興風險移轉（2005）：

  Alternative Risk Transfer（ART）一詞，有多種解釋，也有人翻譯為「另類風險移轉」或「非傳統風險移轉」；「Alternative」（新興、另類）最早使用於專屬保險（captive insurance）和財務再保險（financial reinsurance）等機制中，用來描述任何不屬於傳統保險或再保險之商品或解決方案；「Alternative」一詞最早出現於美國，其最初之意義為企業如何透過風險管理工具，如 Captive Ins Co.等以最低之成本，最有效地使市場風險降至最低，ART 只是一個統稱，其主要型態可分為下列七種：1.自己保險 2.專屬保險（Captive Ins）3.相互保險（Mutual Ins）4.風險自留集團（Risk Retention Group）5.限額風險移轉再保險（Finite Risk Insurance）6.保險衍生性金融商品（Ins derivatives）7.保險證券化（Insurance Securitization）等。

- 卓俊雄（2007）：按所謂新興風險移轉方法（Alternative Risk Transfer），是結合「保險」與「資本市場」（convergence of insurance and capital market）之特性而生之新興財務金融商品（financial innovation），係以非傳統方式來處理傳統可保危險（insurable risk）及其他危險，其商品種類主要可分為保險衍生性金融商品（insurance derivatives）、保險證券化金融商品（insurance securitization）、流動及或有資本金融商品（liquidity and contingent capital facilities）及財務再保險（financial reinsurance; finite reinsurance）。

- 魏寶生（2005）：替代風險移轉（Alternative Risk Transfer，簡稱 ART），是目前金融業最新的業務之一，從最傳統的投保再保險契約，到巨災債券、巨災換險（Catastrophe Swap）、交易所或店頭巨災選擇權契約等金融衍生性產品之操作，得以移轉保險或再保險體系承擔之風險。
- 陳祈嘉（2003）：ART 的定義是由保險公司或再保公司，以契約、架構或其他方案，用非傳統的風險移轉技術，來移轉客戶的風險或彌補客戶的損失，ART 的種類繁多，像專屬保險、有限風險保險、保險證券化、衍生性保險商品，風險整合等都是[4]。
- 鄭燦堂（2007）基本上新興風險工具，不論在性質、商品內容與期間上，皆與傳統保險市場上的商品有著相當程度不同。因此，為與傳統風險移轉市場有所區別，多數的市場人士統稱這類風險移轉工具為新興風險移轉工具，與傳統保險市場相較，新興風險移轉工具在風險移轉上，享有相對的成本優勢與處理效率，能以最小的成本支出，一方面滿足企業風險移轉的需求外，另一方面亦尋求公司價值的最大化，在近幾年間已成為傳統保險市場之外，另一種重要的風險移轉工具。
- 保險事業發展中心（2004）：新興風險移轉保險承保的領域包括投資、利率、幣值、不動產、原料價格變動、信用、

---

4 陳祈嘉（2003），大數法則的迷失，第 1 屆財產保險業論文金筆獎佳作，現代保險教育事務基金會，台北。

政治、氣候變化等，上述風險目前在台灣保險業全都屬於不可保風險[5]。

第二節　雙起賠點保單之相關文獻

- 王奎雯（2006）：雙起賠點產品規定只有在二個事件或風險同時發生的情況下，保險公司才支付賠款，支付賠款的第二個啟動條件常常連結保單持有人無法影響的指標，來避免道德風險；此起賠點的變動應與保單持有人的財務利益有很強的相關性，才能減少基差風險的產生。
- Sigma（2004）：雙起賠點保險契約：
  1. 兩個不同事件都發生，保險公司才支付賠款。
  2. 結合一種傳統保險風險與一種市場風險。
- 陳秉正（2005）：多重起賠點產品最主要的特點就是損失必須至少有兩種以上的觸發原因才能得到賠償，多重起賠點保險契約中一般規定，在保險期內，除了保險契約條款內的保險事件（第一觸發原因）外，還需要有另一個非保險事件（第二觸發原因）發生，承保人才會支付賠款，從承保人的角度看，這樣可以減少賠付的概率，從而使保險費用更低。

---

5 李淑慧（2004，03 月 08 日）。經濟日報，4 版。

- DHD Consulting Team（2008）：多起賠點產品即至少兩種以上觸發原因所致損失保險才進行賠償。
- 曾玉瓊（2005）：雙重啟動機制的出現，讓產物（再）保險業由原本以承保負債風險（Liability Risk）為主的領域，延伸進入過去所不保之資產風險（Asset Risk）範疇，使產險之經營又向前邁進一大步。
- Andreas Miller, Munich（1999）：多重啟動機制概念這類產品的主要特點是損失必須至少有兩種啟動原因才能獲得賠償，也就是除了保險合約條款內的保險事故發生外，還需要另外一件以上非保險事故之風險發生，例如：財務風險、利率風險、匯率風險及市場風險等，承保人才會支付賠款。以承保人的角度看來，不僅可以減少賠付的機率，並使保險費用更低。
- 鄭燦堂（2007）：多重啟動機制概念這類產品的主要特點是損失必須至少有兩種原因才能獲得賠償，也就是除了保險合約條款內的保險事故發生外，還需要另外一件以上非保險事故之風險發生。
- Banham（2002）：雙起賠機制得名於兩個事件必須都觸發保險才履行，事實上任何兩種風險是不相關，兩種風險不預期發生在同一時間被合併在雙起賠點保險契約。
- Schober（2000）：多重起賠點被用於客制化承保範圍。

第三節　證券交易風險管理之相關文獻

- 陳志宏（2006）：就風險控管之觀點評析我國現行證券市場「共同責任制交割結算基金特別管理委員會」之效益，大多數證券業者對於市場潛在之風險意識，仍存有普遍認知之程度，亦即市場潛在之風險，仍需藉由現行「交割結算基金」之規模及運作機制，來捍衛現行證券市場交易交割之安全，現階段以「保險」方式取代「現金」繳存方式，雖然仍屬未臻成熟，但若在適法性、即時性等因素都能加以克服之情況下，未來「共責制基金」以「保險」方式替代，被認為是可以被考慮接受之選項之一。
- 此篇文獻中認為保險是可取代現金繳存的交割結算基金，惟尚有適法性以及即時性等問題加以克服，在現今保險商品開發技術進步的情況下，若有一項保險商品可解決類似問題，也可使「交割結算基金」制度的缺失獲得改善。
- 高章莉（2008）：證券商期望的保險規劃（需求面）與保險公司願意提供的承保條件（供應面）仍有落差存在，這落差應是產險公司缺乏相關損失統計資料及承保能量所導致，若能在所需統計資料再更完備的情況下，以及在創新保險工具的開發下台灣的證券保險將更具可行性，而創造出投資人、證券商以及保險公司，三贏的局面。

由此篇文獻可知目前台灣證券保險雖然因供需雙方的落差，導致保險業尚無法承保證券風險，但換言之可說此篇文獻亦肯定若保險公司加入券商的風險管理將可創造投資人、證券商以及保險公司，三贏的局面，亦可使金融監理單位收事半功倍之效。

- 柯冠瑛（2008）：台灣證券交易所對於目前交割結算基金之風險，於目前保險市場上尚無認可之保險可購買，但原本之「交割結算基金」即自我保險，若利用專屬保險公司替代交割結算基金，優勢是將增加可運用資金進而使投資收益上升。

此篇文獻認為若以保險產品取代「交割結算基金」，除達到「交割結算基金」所設立之目的，又多了保險所能帶來的好處。

國際間所採行的降低結算機構風險的辦法：

1. 由券商出資成立交割結算基金做為投資人交易保證。
2. 同樣成立交割結算基金，但基金之一部分用來購買保險，以將違約交割的風險移轉給保險公司承擔。
3. 建立預收款券、保證金制度。
4. 有一些國家並未針對違約交割預先定訂防範辦法，原因為該國證券市場的交易制度設計周全，例如，採取預收款券保證金制度與有價證券借貸制度，也因此違約交割情事較不易發生。

目前各國所採取防範違約交割風險之風險管理方式（請參見表四）就其形式而言大致可區分為三種，其一為由證券商預先提

撥基金，即所謂之交割結算基金；其二為由證券商購買保險形式可分為由證券商直接購買保險；第三類情況為同時由證券商提撥或繳交交割結算基金並以基金之孳息部分購買保險。

然而台灣證券市場自成立以來，大小違約交割事件屢見不鮮，也因此主管機關，為了維護市場秩序，採取由證券商以現金提撥「共同責任制交割結算基金」，其架構係由券商共同出資新台幣 50 億元，證券交易所出資約 10 億元，目前證券交易所之出資額度增至 30 億，此作法係以券商間各自自律為交割結算基金運作的主要精神，以鼓勵業者共同維護市場機制，並減少市場違約交割案，但反觀若干歐美市場並未針對違約交割風險預先提撥基金或購買保險，其原因為該國鮮少有類似我國違約交割的案件，主要是由於其證券交易制度，在歐美先進國家證券市場運行已久。[6]

表四、世界證券市場對證券交易之交易保證制度一覽表

序號	採用國家	對證券交割的保證
1	台灣、美國、中國、日本、韓國	交割結算基金
2	香港、新加坡、英國	交割結算基金＋保險
3	德國	德國集中保管機構未提供交割保證亦不收取交割結算基金。
4	瑞典	無設立交割結算基金，對於交割的保證採註記（ready to settle）

資料來源：臺灣證券交易所（2008）

[6] 陳乙宏（2000），12.28，健全交易制度以有效防範重大違約交割之研究報告提要，中華民國證券商業同業公會，台北。

第三章　研究方法

本研究採用質性研究方法，針對新興風險移轉、多重起賠點產品以及證券市場之風險管理三方面的國內外文獻進行比較分析，進而評估雙起賠點保單在證券交易的違約交割事件中是否具備替代交割結算基金的功能，並籍由 SWOT 分析評估就證券商之立場而言共同責任制交割結算基金與雙起賠點保單，何項為較佳之風險管理策略。為達研究成果，本研究僅針對下列問題進行探討：

1. 依照風險管理架構，分析證券交易之違約交割風險，在風險管理策略中何種風險控制策略較適合違約交割之風險特性。
2. 針對分析結果，探討以雙起賠點保險替代共同責任制交割結算基金之可行性。
3. 依證券商之立場探討何種風險管理策略可達風險管理目的且對證券商之營運又不至於造成太大影響。
4. 針對上列探討，提出結論與建議。

第一節　風險管理

（一）國內外風險管理的定義

風險管理係藉著對風險的鑑定（認識）、分析（衡量）、控制、理財等措施，以最低的成本，將各種風險在發生前、發生時及發生後，所產生的經濟上及非經濟上的不良影響，降低到最低程度以確保經濟安全。

美國學者 Robert I. Mehr & Bob A. Hedges 兩位教授，合著「Risk Management : Concepts and Application」書中提出「風險管理之目標為在損失發生前作，經濟之保證；而於損失發生後，有令人滿意之復原。」

宋明哲（1989）認為風險管理係指經濟個體如何整合運用有限的資源，使風險所導致之損失對個體之不利衝擊降至最低的一種管理過程。

張加恩（1989）認為風險管理乃是有效地運用一個企業有限的資源，以最低的成本將意外的損失對企業的打擊減到最小程度的一個過程。[1]

---

[1] 張加恩，風險管理簡論（1989），臺北市：保險事業發展中心。

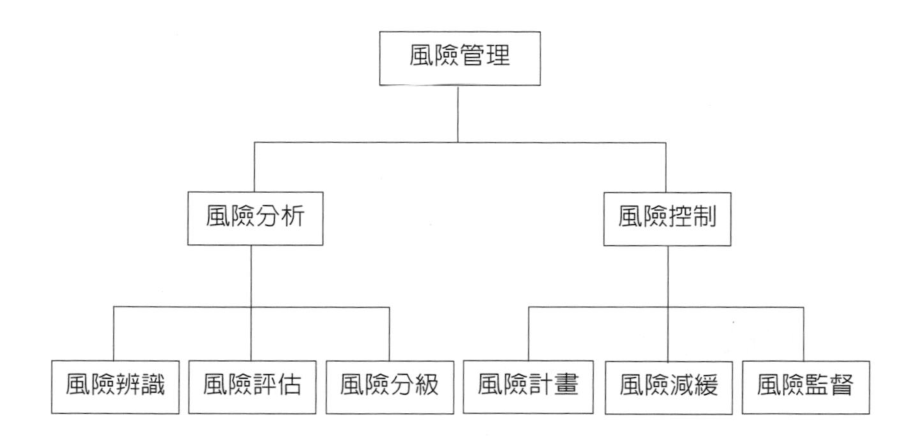

圖四、風險管理架構圖

資料來源：林信惠、黃明祥、王文良（2005）

（二）風險管理架構

學者 Boehm（1991）則提出風險管理架構（請參見圖四）。有效的風險管理必須事先規劃一連串的程式以進行風險辨識、風險評估、風險分級等[2]。

因此不論在任何領域進行風險管理之首要步驟首先都要對風險進行分析，才能選擇出最適合風險特性的風險管理策略，因此本研究將依證券交易違約交割風險之風險特性再依風險管理架構，逐步透過風險管理架構檢討現行證券交易之風險管理策略

[2] 林信惠、黃明祥、王文良（2005），軟體專案管理，第 14 章。智勝文化事業有限公司。

共同責任制交割結算基金是否為證券業風險管理之最佳決策，以及是否有更適合之風險管理策略，期能達到在更完善的風險管理策略下，使我國之證券市場能在有利的環境下穩定發展，進而促使我國經濟能夠更加蓬勃發展。

（三）風險管理需達到之效果[3]

1. 預防損失
2. 減輕損失
3. 彌補損失

（四）風險管理的策略[4]

風險管理之策略可分為兩大項，第一項為風險控制策略（Risk Control）、第二項為理財策略（Risk Financing）。

風險控制有兩種定義：

1. 對可能引發風險事故的各種風險因素、採取相對應的措施。
2. 損害發生前減少風險發生機率的預防措施與損害發生後改變風險狀況的減損措施。

---

[3] 凌氤寶、陳森松（2007），3版，人身風險管理，華泰文化。

[4] 鄭燦堂（2007），風險管理理論與實務（第二版），台北：五南書局，頁315。

風險控制之核心是改變引起風險事故和擴大損失的條件，風險理財策略係指透過事先的財務計劃或融通資金，以便對風險事故造成的經濟損失進行及時而充分的彌補措施，其核心是消除和減少風險的成本並平均分攤在一段時間內，以減少巨災損失的衝擊，藉此穩定企業。

風險控制策略包含[5]：

- 風險規避（avoid）

  藉由停止從事產生風險之活動來避免風險。

- 風險降低（reduce）

  藉由降低風險發生之機會或其重大性。

- 風險移轉（transfer）

  藉由風險轉嫁來降低風險發生時之損失。

- 風險接受（retain）

  接受風險的現狀，但對風險發生之損失考量如何承受的策略，包含風險避免、損害防阻、損害抑減、風險隔離、風險契約移轉。

風險理財之目的在彌補損失，策略主要包括風險自留、風險理財型契約移轉（包含購買商業保險）。[6]

風險需先經過，分析，方能決定出最適之風險管理技術，綜合風險管理定義及風險管理需達到之效果，可歸納出完善的風險管理策略需具備之特性：

---

[5] 勤業眾信會計師事務所，風險管理教育訓練，風險控制策略，課程講義。

[6] 鄭燦堂（2007），風險管理理論與實務，台北五南，初版五刷。

1. 任何的風險管理策略需先對風險經過鑑定及衡量的步驟。
2. 良好的風險管理技術係以最少之成本使風險所致之損失達到最低程度。
3. 在可達到相同風險管理效果之風險管理策略下，風險管理成本為決定風險管理策略之最大考量。

（五）風險管理計畫成效不彰之原因[7]

1. 沒正確找出曝露之風險類型。
2. 損失頻率與幅度估計錯誤。
3. 沒有選擇合適或正確使用風險管理工具。
4. 沒有貫徹執行風險管理計畫。

（六）企業選擇風險理財策略時，通常採行下列步驟[8]

損失頻率與損失幅度高低可作為家庭、個人、企業，選擇風險控制策略決策的指導。

損失頻率（Frequency of Loss）：

指在特定期間內，特定數量之風險標的單位（Risk Unit）所可能遭受損失的次數。

---

7 陳松森（2003），危險管理之對策課程講義，未出版。逢甲大學，危險管理。

8 鄭燦堂（2007），風險管理理論與實務（第二版），臺北：五南書局。

公式：損失頻率（Frequency of Loss）$=\dfrac{Losses\text{（損失次數）}}{Exposure\ \ Units\text{（風險標的的單位）}}$

損失幅度（Severity of Loss）：

指在特定期間內，特定數量之風險標的單位（Risk Unit）所可能遭受損失的程度（金額）。

公式：損失幅度（*Severity of Loss*）$=\dfrac{Losses\text{（損失金額）}}{Losses\text{（損失次數）}}$

第二節　共同責任制交割結算基金之風險特性分析

（一）共同責任制交割結算基金風險性質

依照風險管理定義及風險管理架構，在進行風險管理策略之擬定時，首要步驟係對風險進行分析，因此本研究在規劃替代共同責任制交割結算基金之雙起賠點保單前，亦須先對共同責任制交割結算基金之風險特性做更進一步之認識；依據文獻中所記載之資料加以分析整理得知共同責任制交割結算基金之現況為：至目前為止我國之證券市場在集中交易市場之歷史中曾發生數十件規模大小不一之違約交割事件，而其中僅有四次動用交割結算基金，且四次違約交割事件平均每件動用基金額將近 20 億（請

表五、各種風險特性適合之風險管理技巧[9]

損失型態	損失頻率	損失嚴重程度	適當之風險管理技巧
1	低	低	自行吸收
2	高	低	損失控制與自行吸收
3	低	高	保險
4	高	高	自行吸收

參見表一)，依此情況評估我國證券交易之違約交割風險之風險特性，再對照文獻中所記載違約交割風險之風險特質確實為損失頻率低，損失幅度大，而對照風險管理之技術劃分原則，保險應為最適合證券交易違約交割風險之風險管理技巧(請參見表五)。

第三節　比較研究法

目前比較研究法(comparative method)多運用於法律、教育、行政等類的學術論文，然而本研究之主要目的係探究雙起賠點保單可否替代交割結算基金成為證券交易過程中提供違約交割風險之管理工具，既可達到相同風險管理目的又沒有交割結算基金的缺點，故本研究擬以客觀的立場作理論性的探討、分析，探求交割結算基金與雙起賠點保單間之差異；比較研究法（comparative

[9] 鄒幼涵（2007），風險管理課程講義，未出版。輔仁大學。

method）之意義係：將兩種以上的制度或現象，加以有計劃、有目的的敘述、對照、分析、探求、批判，找出其中的異同優劣，並歸納出趨勢或原則，做為解決有關問題改進制度之參考。

在第一節中對風險管理有了清楚的認識後，若要比較兩項風險管理工具；首先需先決定比較兩者之標準，依據上一節對風險管理定義即「以最少成本使風險所造成損失降到最低程度」，可見風險管理成本及可降低風險之損失程度為風險管理定義中之兩大元素，故本研究擬以風險管理成本及風險管理工具可降低風險造成之損失程度做為比較共同責任制交割結算基金與雙起賠點保單之標準，所得到的結果為：

（一）就風險管理成本而言：

因共同責任制交割結算基金規範證券商需提存巨額現金，會造成證券商資金無法靈活運用，隱含無法預估之機會成本，若將機會成本計入風險管理成本，則在風險管理成本部分共同責任制交割結算基金並不符合一個良好的風險管理策略。又依據本研究所規劃之雙起賠點保單，證券商無需另行提撥保險費，保險費可採第一個起賠點即交割結算基金之孳息部分來支付。

（二）就可降低風險所造成損失程度而言：

由於違約交割風險可能帶來之損失規模無法事先加以預估，因此目前之共同責任制交割結算基金以提撥巨額現金來防範無法預先估計之損失。而就雙起賠點保單而言，在違約交割事件發生前證券商可能的損失程度至多為第一起賠點即自留額，此為事前便可清楚得知的金額。

換言之，依據風險管理成本及可降低風險所造成損失的程度兩個比較標準，雙起賠點保單都較共同責任制交割結算基金更適合做為證券交易之違約交割風險風險管理策略。

第四節　雙起賠點保單基礎架構

本研究所找出雙起賠點保單之基礎架構如下：

（一）歷次動用共同責任制交割結算基金平均動用金額約19.865億，約20億（請參見表一）。

（二）將平均動用交割結算基金金額依87-96年間投資人增加幅度（請參見表七）及交易量增加幅度（請參見表六），以相同之比例增加其金額；選擇此兩項證券交易相關之數據原因為：違約交割犯罪行為之犯罪主體係指在集中交易市

場買進或賣出有價證券之投資人[10]；換言之證券開戶人數增加，證券交易量亦會隨之增加，由於違約交割之行為人增加亦會導致違約交割機率隨之增加；同理證券交易量亦會隨之增加。

表六、87-96 年證券交易量總值表

87-97 年證券交易量總值表					
年別 Year	成交金額 Market Trading Value	股票 Stocks			
		股數 Volume	金額 Value	平均每日股數 Daily Av. Volume	平均每日金額 Daily Av. Value
87 年	29,799,321,478	612,009,930	29,618,969,900	2,258,339.23	109,295,091.88
88 年	29,521,113,021	678,063,939	29,291,528,730	2,549,112.55	110,118,529.06
89 年	30,816,712,783	630,868,034	30,526,566,297	2,327,926.32	112,644,156.08
90 年	18,421,319,152	606,420,171	18,354,935,757	2,485,328.57	75,225,146.55
91 年	21,981,633,739	856,189,751	21,873,950,631	3,452,378.03	88,201,413.84
92 年	20,512,199,514	917,579,432	20,333,237,368	3,685,057.96	81,659,587.82
93 年	24,177,803,655	987,573,775	23,875,366,203	3,950,295.10	95,501,464.81
94 年	19,073,869,020	663,512,192	18,818,901,753	2,686,284.18	76,189,885.64
95 年	24,205,338,647	732,510,321	23,900,362,445	2,953,670.65	96,372,429.21
96 年	33,527,468,751	887,185,870	33,043,848,421	3,591,845.63	133,780,762.84

資料來源：臺灣證券交易所網站

10 李開遠（2008），證券管理法規新論（第五版），五南書局，頁 554。

基於以上原因將歷次動用交割結算基金平均金額 20 億，依 87-96 年證券投資人增加幅度及證券交易量增加幅度等比例的增加。

87-96 證券交易量增加幅度（trade rate，TR）：

TR（請參見表六）＝33527468751-29799321478＝0.125

87-96 投資人開戶增加比率（investor rate，IR）：

IR（請參見表七）＝（14657731－9,587,855）／9,587,855＝0.52878

- 第一個起賠點＝自留額＝retention*（1＋TR＋I R）＝20*（1＋0.125 0.52878）＝33.0756

表七、87-96 年證券經紀商投資人開戶統計表

年　月	新開戶數	累計開戶數
87 年（1998）	2,436,964	9,587,855
88 年（1999）	1,714,349	10,916,426
89 年（2000）	5,111,016	12,359,893
90 年（2001）	1,317,812	12,910,531
91 年（2002）	2,602,285	12,869,344
92 年（2003）	1,691,153	13,053,178
93 年（2004）	1,376,963	13,720,461
94 年（2005）	757,956	14,002,106
95 年（2006）	1,467,447	14,247,160
96 年（2007）	1,929,764	14,657,731

資料來源：臺灣證券交易所網站

- 本研究擬將第二個起賠點連結台股加權股價指數

依據 1987/01/06 至 2008/09/19 加權股價指數廿次最大漲跌幅（請參見表八），也就是 76-97 年間，20 年來台股歷次最大漲跌跌幅約在 6%左右，20 次平均跌幅為 6.588%，接近證券交易市場之跌停板之標準，本研究為能反應風險事實，故將第二個起賠點訂為加權股價指數下跌 6%。

表八、民國 76-97 年集中市場廿次最大漲跌幅一覽表

加權指數　　　廿次最大漲跌幅 排序一覽表

(1987/01/06)至(2008/09/19)

	最大漲幅排序				最大跌幅排序			
次序	日期	收盤	漲跌點數	漲跌幅度	日期	收盤	漲跌點數	漲跌幅度
1	1990/12/01	4674.84	297.57	6.80	1990/08/17	4010.56	-292.72	-6.80
2	1990/11/23	4926.39	312.32	6.77	1990/08/07	4668.24	-339.97	-6.79
3	1991/08/22	4690.42	297.24	6.77	1996/01/05	4799.30	-346.74	-6.74
4	1990/08/27	3378.50	213.89	6.76	1990/05/25	6146.44	-441.33	-6.70
5	1990/08/31	3635.28	230.07	6.76	1990/06/07	6602.12	-473.38	-6.69
6	1990/11/05	3527.83	222.97	6.75	2004/03/22	6350.02	-455.17	-6.68
7	1000/11/13	3739.05	236.23	6.74	1990/08/09	4232.21	-302.35	-6.67
8	1991/02/19	5048.48	318.83	6.74	1991/01/15	3352.33	-238.98	-6.65
9	1990/08/28	3606.18	227.68	6.74	1990/07/12	4626.09	-327.88	-6.62
10	1990/10/29	3309.05	208.83	6.74	1990/06/14	6092.32	-431.00	-6.61
11	1991/01/24	4089.84	257.59	6.72	1990/09/05	3364.49	-236.26	-6.56
12	1991/01/18	3776.08	237.76	6.72	2000/03/13	8811.95	-617.65	-6.55
13	1991/01/17	3538.32	222.06	6.70	1990/10/27	3100.22	-216.14	-6.52
14	1990/10/24	3519.41	218.84	6.63	2008/01/22	7581.96	-528.24	-6.51
15	1990/06/12	6323.22	389.48	6.56	1991/05/15	5728.72	-397.07	-6.48
16	1989/11/29	9630.28	590.19	6.53	1990/06/04	7347.74	-509.27	-6.48
17	1990/11/03	3304.86	202.00	6.51	2000/10/19	5081.28	-350.95	-6.46
18	1990/11/07	3689.87	222.17	6.41	1990/05/18	7416.96	-510.21	-6.44
19	2000/10/20	5404.78	323.50	6.37	1990/09/20	2956.72	-202.55	-6.41
20	1990/05/29	6703.06	399.31	6.33	1999/07/16	7411.58	-506.46	-6.40

資料來源：DJ 財金知識庫

表九、雙起賠點保單之基礎架構

文獻中記載之雙起賠點保單架構	第一個起賠點：自留額（retention） 第二個起賠點：連結保單持有人即要保人無法影響的指標，來避免道德風險。
本研究規劃適用於證券交易之雙起賠點保單之起賠點。	第一個起賠點：依歷次動用交割結算基金金額 20 億，再依 87-96 年證券投資人及股市交易量增加之幅度等比例增加計算出之金額為 33 億元。 第二個起賠點：連結加權股價指數，依 1987-2008 年間 20 次的最大平均跌幅，約為 6%。 保費 本研究所規劃之雙起賠點保單保費只需以第一起賠點所生之孳息繳交即可，以目前郵局及五大銀行三年期平均存款利率，每年將可孳生二千多萬元的利息。

資料來源：本研究整理

本研究所規劃適用於證券交易違約交割風險管理之雙起賠點保單之基礎架構（請參見表九）。

第五節　SWOT 分析簡介[11、12]

SWOT 分析是 David（1986）所提出的一般策略管理模式，分為策略產生、執行、評估三個步驟。在策略產生的過程中，

[11] 參閱平衡計分卡推廣協會。網址：http://www.bsca.org.tw/?action-viewnews-itemid-21

[12] 黃穎捷（2006）。「以 SWOT 分析決定經營策略之道」，中國生產力中心。

主要從組織內部與外部，找出企業經營所擁有之優勢及劣勢，並配合外部環境所面臨之機會及威脅，進而研擬出適當之目標與策略。

而在競爭激烈且講求效率管理的環境中，風險管理策略亦為現今企業組織策略規劃過程中相當重要的一環，本研究為找出基於證券商之立場在證券交易市場中最適合之風險管理策略，準此本研究將利用 SWOT 分析找出對證券商而言可發揮組織資源並可與證券交易市場環境相配合之風險管理策略，並將針對共同責任制交割結算基金以及雙起賠點保單二項風險管理工具運用 SWOT 分析法評估何者為證券商最佳風險管理策略，故本節將對 SWOT 分析做一介紹，以期在對 SWOT 分析法清楚的瞭解後，能充分發揮 SWOT 分析法之功能，為證券商選擇出最佳之風險管理策略。

（一）SWOT 分析運用領域

SWOT 分析的運用範圍極為廣泛，其精神理念大至國家的政治、財經、國防、外交的方向擬定，小至企業個體、公司行號、財團法人的業務組織的發展評估，更微者用於個人的人生規劃的利基分析。

（二）SWOT 分析目的

SWOT 分析在於尋找能夠使公司資源與潛力能夠與所處的市場環境相配合的策略；SWOT 分析考量企業所處之環境並強調企業應善用優勢並克服劣勢，為企業在決定各項策略時常用之工具；SWOT 分析係屬於企業管理理論中的策略性規劃。

（三）SWOT 分析法內容介紹

Asoff 於（1965）提出 SWOT 分析，認為在策略管理的程式中，企業必須做優勢（Strength）、劣勢（Weakness）、機會（Opportunity）、威脅（Threat）的比較，進而擬定一系列的策略方案，SWOT 分析的主要目的，在於尋找能使公司資源與潛能可以和所處市場環境相配合的策略；因此 SWOT 分析法又稱為態勢分析法，SWOT 四個英文字母分別代表：優勢（Strength）、劣勢（Weakness）、機會（Opportunity）、威脅（Threat），企業可依照組織內外部環境之分析結果制定對應的發展戰略、計劃以及對策。

（四）SWOT 分析步驟

Weihrich.H（1982）指出 SWOT 分析步驟，分析策略流程（請參見表十）：

1. 先對組織進行描述、定義，使組織策略之擬定更加明確。

2. 確認影響組織的外部因素。
3. 檢視組織內部之優缺點。
4. 發展所有可行之策略。
5. 選擇可行之策略。

（五）SWOT 矩陣配對法[13]

Ansoff（1965）認為，策略規劃的核心架構為策略分析，也就是矩陣配對 SWOT 分析（請參見圖五），Weihrich（1982）指出，在從事策略規劃時，須對外部環境的機會與威脅，和內部環境的優勢與劣勢做評估，以擬定應對的策略，且提出了 SWOT 矩陣配對法，利用 SWOT 分析後採行策略配對，把握優勢克服劣勢，利用市場環境的機會，避開競爭者的威脅，以期能找到最佳的生存利基。

1. SO 策略：即依優勢與機會最大化（Max-Max）之原則來強化優勢、利用機會。
2. ST 策略：即依優勢最大化與威脅最小化（Max-Min）之原則來強化優勢、避免威脅。
3. WO 策略：即依劣勢最小化與機會最大化（Min-Max）之原則來減少劣勢、利用機會。

---

[13] 胡桂嘉（2003），銀行財富管理業務中結構型商品行銷暨競爭關鍵成功因素之研究，碩士論文，銘傳大學財務金融學系碩士在職專班，臺北，頁 28。

4. WT 策略：即依威脅最小化與劣勢最小化（Min-Min）之原則降低威脅、減少劣勢（Weihrich，1982）。

表十、SWOT 分析與策略流程

<table>
<tr><td colspan="5">步驟1－企業描述：(1)何種企業 (2)地理範圍 (3)競爭狀況 (4)高階主管方針</td></tr>
<tr><td colspan="5">步驟4－企業優勢與劣勢之檢定：(1)管理者與組織 (2)營運 (3)財務 (4)行銷 (5)其他</td></tr>
<tr><td colspan="2">內部因素
外部因素</td><td>步驟5－發展可行策略
步驟6－策略選擇
步驟1～6－衡量一致性 （準備應急方案）</td><td>列出內部優勢（S）</td><td>列出內部劣勢（W）</td></tr>
<tr><td rowspan="2">步驟2－
定義並評估下列因素：
(1) 經濟
(2) 社會
(3) 政治
(4) 人口統計
(5) 產品及技術
(6) 市場競爭</td><td rowspan="2">步驟3－
市場預測及
評估未來</td><td>列出外部機會（O）</td><td>SO：Maxi－Maxi</td><td>WO：Mini－Maxi</td></tr>
<tr><td>列出外部威脅（T）</td><td>ST：Maxi－Mini</td><td>WT：Mini－Mini</td></tr>
</table>

資料來源：Weihrich H.（1982）。

內部環境 / 外部環境	優勢(Strength)	劣勢(Weakness)
機會(Opportunity)	SO: Max-Max	WO: Mix-Max
威脅(Threat)	ST: Max-Min	WT: Min-Min

圖五、SWOT 矩陣配對法

資料來源：工業技術研究院（2008）

第四章　證券交易之相關風險

本研究主要之研究領域在證券交易之風險管理，而一般風險管理流程（請參見圖六）不論是個人或企業，第一步均是要對風險進行辨認及分析。

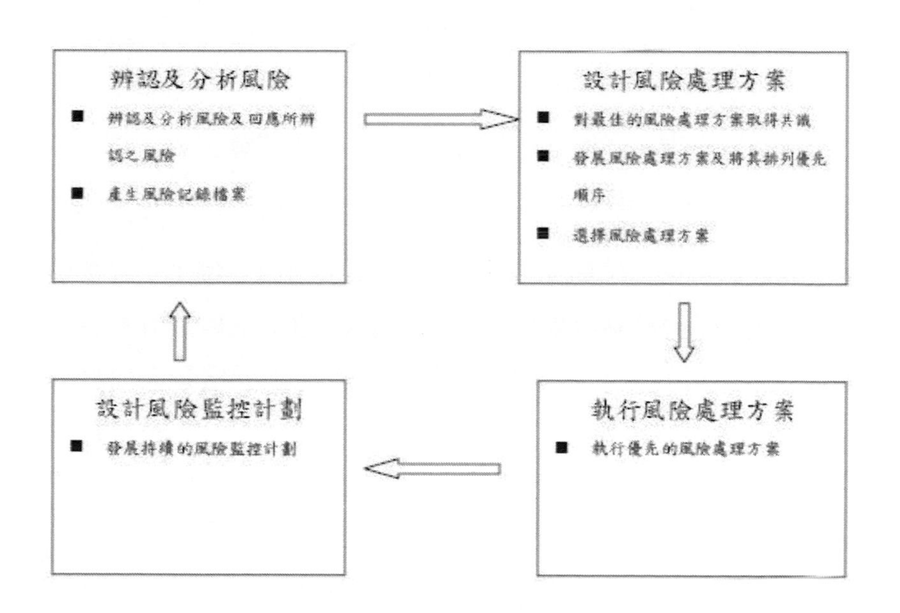

圖六、企業風險管理流程

資料來源：林寶珠、王敏馨（2003）

也因此若要對風險進行辨認及分析，在辨認及分析風險甚至選擇適宜的風險管理方法前，應對風險以及風險管理工具有足夠的認識，方能擬定或選擇一個妥善的風險管理方法或計劃。故本章將介紹證券交易之相關風險，整章將分為四節，第一節介紹證券商經營管理之風險，第二節則介紹證券交易中結算交割的風險，第三節將共同責任制交割結算基金做一完整的介紹，最後一節則是說明雙起賠點保單。

第一節　證券商經營風險

我國證券交易法第 151 條規定：「於有價證券集中交易市場為買賣者，在會員制證券交易所限於會員；在公司制證券交易所限於訂有使用有價證券集中交易市場契約之證券自營商或證券經紀商。」因此，投資人必須透過與台灣證券交易所股份有限公司訂有使用有價證券集中交易市場契約之證券經紀商在證券交易場所內進行證券買賣[1]，由此可看出證券商於證券交易中所扮演的角色，不論買賣證券均須透過證券商，由此可知一旦證

[1] 張捷德「投資人可以不用透過證券商，私下自行買賣股票嗎？」資料來源：台灣法律網：http://www.lawtw.com　http://www.lawtw.com/article.php?template=article_content&area=free_browse&parent_path=,1,188,&job_id=8164&article_category_id=230&article_id=7927

券商之財務狀況甚至經營管理發生問題，違約交割事件發生的機率就相對升高，換言之證券商之經營管理風險也是在研究證券交易中之違約交割風險所應了解的。

我國金融市場以銀行業、證券業及保險業三者為主要成員，而隨著全球經濟環境的變化，所有位居金融市場內的成員所面對的風險均日益複雜，就證券業而言，依據「國際證券管理組織」（International organization of Securities Commissions，IOSCO），於 1998 年報告書指出，證券商經營之風險可區分為：市場風險（Market Risk）、信用風險（Credit Risk）、流動性風險（Liquidity Risk）、作業風險（Operation Risk）、法律風險（Legal Risk）及系統風險（Systematic Risk）等六種風險。

一、市場風險（Market Risk）

係指證券商之投資或資產部位因市場價格波動造成持有部位可能產生之損失。

二、信用風險（Credit Risk）

顧名思義，信用風險為證券商所持有的契約或資產部位以及證券交易中，交易對手違背交易之互信精神無法履行其應盡之義務，而造成證券商損失之風險，亦稱為交易對手風險或違約風險。

三、流動性風險（Liquidity Risk）

係指證券商之投資或所持有之投資部位無法迅速的以當時之市價迅速了結、避險或對沖結構之風險。

四、作業風險（Operation Risk）

證券商內部人員在交易過程中管理及控制系統失效，或因作業錯誤所引致的損失。

五、法律風險（Legal Risk）

此項風險係指因交易契約內容及相關法律規定不周延，因而導致證券商無法履行契約導致損失的風險，此類風險因金融商品發展迅速且交易契約內容日漸繁雜，伴隨而來法律風險之發生亦快速增加。

六、系統風險（Systematic Risk）

系統風險係指證券商經營失敗、市場崩盤或結算系統發生問題時，經由各金融市場引發金融機構發生「骨牌效應」（Domino

Effect）之現象，或投資人對市場產生「信心危機」（Crisis of Confidence）時，導致市場缺乏正常營運之現象。[2]

第二節　結算交割風險

證券交易之結算交割制度其意指為上市證券買賣一經成交，須接著進行款券交付事項，此種成交後款券之收付過程，即屬結算交割制度之範疇，但此種解釋較為廣義，但結算交割制度在國際證券組織之討論中，所謂的「結算交割」乃專指「市場參與者透過結算機構了結相互間因市場交易所產生之債權債務關係」；由廣義的結算交割制度之定義來看，可知證券交易之違約交割是發生在結算交割之流程中，因此本研究在探討證券交易之違約交割風險時一併將結算交割風險做一介紹，結算交割風險主要分為四種，即信用風險、流動性風險、系統性風險。[3]

---

2 王毓敏，呂素蓮，陳柏志（2006）6 月，台灣金融財務季刊，第 7 卷第 2 期，改善證券商整體經營風險預警指標與監管品質之探討。

3 馮震宇（2002），「從結算交割發展趨勢論跨國結算交割之風險」。證券暨期貨管理，第 20 卷第 7 期。

一、信用風險（credit risk）：

又稱為交易對手風險（counterparty risk）係指市場交易之對手未在期限前或之後未完成其應盡義務之風險，又可分為兩種情況：

1. 替代成本風險（replacement cost risk）：係指因市場交易無法完成交割，以致成交日到交割日間因價格之變動，而造成參與者未實現利益的損失。
2. 交割風險（settlement risk）：係指由於款券交割時間的不一致，導致賣方給付證券但卻拿不到價款；或買方付出價款卻無法收到證券所受的損失，為降低交易對手之信用風險。

二、流動性風險（liquidity risk）

係指市場參與者暫時性（temporary）無法完成款券交割，但在未來完成款券交割時，導致其本身或其他市場參與者損失之風險。

三、系統性風險（systematic risk）

乃指某市場參與者未履行交割義務而導致其他市場參與者無法履行交割義務或受損失之風險，其可能引發連續性的骨牌效

應，而拖跨整個結算交割系統，甚至引起金融風暴，故市場管理者特別著重系統風險之控制。[4]

四、法律風險（legal risk）

所謂結算交割制度的法律風險，就是在結算交割機構的規定或結算交割的安排不符合法律規定，或是在結算交割過程中發生財產權或其他利益的損失時，應如何分配危險負擔的問題。

第三節　共同責任制交割結算基金

依據證券商管理規則第十條及證券交易所管理規則第二十條規定，訂有「臺灣證券交易所股份有限公司共同責任制交割結算基金管理辦法」，辦法中訂有共同責任制交割結算基金之繳存、動用及管理。

- 共同責任制交割結算基金之功能

  當證券經紀商在集中交易市場中受託買入證券，若不履行義務，將造成交易所及其他證券商或投資人發生損失，因此設立「交割結算基金」，以賠償發生損失者。

4　王毓敏，呂素蓮，陳柏志（2006）6月，台灣金融財務季刊，第7卷第2期，改善證券商整體經營風險預警指標與監管品質之探討。

- 共同責任制交割結算基金的結構與提存方式

交割結算基金由證券商提撥部份，明文規定於「證券商管理規則」[5]第 10 條。

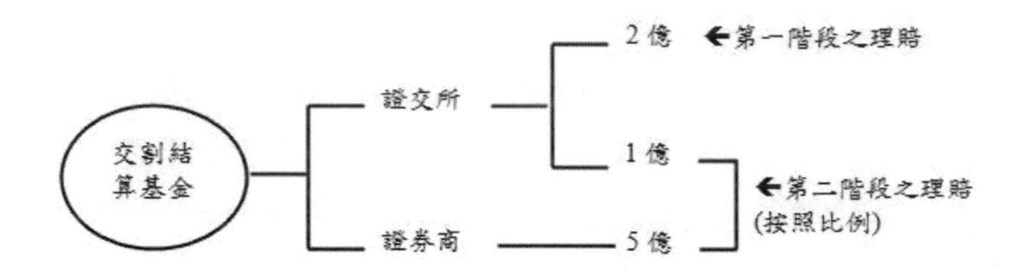

圖七、共同責任制交割結算基金的結構[6]

資料來源：柯冠瑛（2008）。

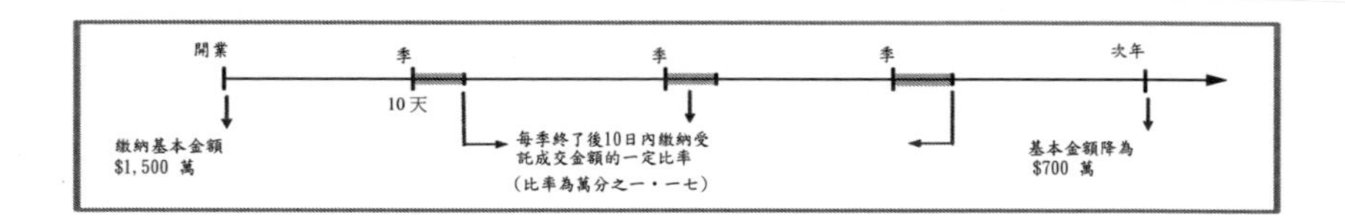

圖八、共同責任制交割結算基金證券商提存方式[7]

資料來源：林幸樺（2003）

---

5 公布日期：民國 77 年 11 月 24 日；最終修正日期：民國 96 年 12 月 17 日。

6 周克威（1999，11 月 5 日），「證交所將研究交割結算基金的適法性問題」。工商時報。

7 林幸樺（2003），證券市場講義。未出版。清雲科技大學。

表十一、共同責任制交割結算基金之管理

項目	內容
主管機關	行政院金融監督管理委員會
管理單位	為管理共同責任制交割結算基金特設管理委員會
運作機制	由證交所及證券商各出資 30 億元及 50 億元成立「共同責任制交割結算基金」，並分別指派代表組成「共同責任制交割結算基金管理委員會」
共同責任制交割結算基金之動用	證券商如發生無法履行交割義務，其善後了結作業所生之價金差額及一切費用，即由證券交易所先動用違約證券商所繳之交割結算基金及其孳息代為償還
違約代償順序	1.該違約證券商繳存之交割結算基金及其孳息。 2.證交所提列之第一特別結算基金 20 億元。 3.各證券商繳存之交割結算基金 50 億元及證交所提列之第二 4.特別結算基金 10 億元（按所提列數額比例分攤）。

資料來源：本研究整理。

第四節　雙起賠點保單

雙起賠機制得名於兩個事件必須觸發保險才履行，事實上任何兩種風險是不相關，兩種風險不預期發生在同一時間被合併在雙起賠點保險契約中。

目前雙起賠點保單在學術研究方面多朝向運用於再保險，但在實務上國內尚未有此類型商品，而在國外之產險領域中，多重起賠點保單則係運用於能源及醫療或運輸產業，此類產業之風險特性大多屬於損失頻率低且損失幅度大。

假如一個起賠點出現，第二個起賠點發生的機率是微乎其微，在根本上以較少的相關風險來降低產品價格。

雙起賠點保單提供給企業的吸引力包括：

1. 成本。
2. 最好的交易價格及最少的風險（Banham，1999)。

而雙起賠保單的出現，使一些幾乎不可能經由任何其他傳統方法獲得保障的一些潛在的災難性情況得以經由雙起賠點保單使風險找到適宜的管理方法。

兩起賠機制間可能是無關的，兩個起賠點同時發生的可能性低於二者個別地發生，因此，它成本更低，以致保險公司願同時接受兩起賠點投保。

文獻中雙起賠點保單兩起賠點之設計原則：

1. 第一個起賠點為自留額。
2. 第二個起賠點連結一項與保單持有人財務利益強烈相關的指數。

典型的起賠點組合連結了一項金融指數或意料之外的事件，例如匯率、利率、資產投資組合報酬率或在現貨市場增加電力價格並減少電力生產能力[8]，而保險金的計算是經由保險起賠點 L（損失率）以及投資組合指數 PFI 兩項要素來計算保險公司的理賠金額，其概念如下：Payment＝Min｛Max〔$L+\Delta PFI-$Retention，0〕，$Limit$｝[9]

---

[8] Baham, Russ「Double Whammy」Treasury & Risk Management；May/ June, Vol.9.

[9] A Müller ,Versicherungswirtschaft, 1999, integriertes risk management

透過雙起賠點商品，要保人與保險公司間，係當損失情況和約定指數皆達到雙方約定時，保險公司才需理賠，透過這樣的機制，保險公司可有效的減少逆選擇及道德危險的發生，對保險公司而言，可使保險公司的資本運用更有效率。[10]

[10] 王奎雯（2006）。雙起賠點再保險之訂價，碩士論文，朝陽科技大學，台中，頁 5。

第五章　研究分析

本章針對研究方法中所建構之雙起賠點保單，透過 SWOT 分析進行違約交割風險之風險管理策略之效益分析，由於 SWOT 分析多運用於企業策略性規劃，主要是利用企業內部優勢與劣勢並配合企業所處環境的機會與威脅，以協助企業釐清現狀，有效率的訂出各項策略。本研究為能使證券交易之風險管理策略能與目前證券交易市場之環境配合，依證券市場目前所採取之風險管理機制即共同責任制交割結算基金之 SWOT 分析結果（請參見表十四）來釐清證券商目前所處之內外部環境，並搭配以雙起賠點保單與共同責任制交割結算基金兩種風險管理策略之比較標準結果（請參見表十七），探討以保險替代共同責任制交割結算基金之可行性，並針對違約交割風險之風險特性，分析在證券交易過程中，若基於證券商之立場，則何項風險管理工具為較佳之風險管理工具，最後針對以上之探討做出結論與建議。

第一節　目前證券市場所採行之風險管理措施分析

依據第四章中所介紹之共同責任制交割結算基金之結構，可看出共同責任制交割結算基金目前金額共 80 億，由證券交易所提供部分約 30 億，而其餘 50 億則由全體證券商共同提撥，而依據證券交易所之立場而言，由其提撥之 30 億共同責任制交割結算基金，就保險原理而言，屬於自己保險（Self-insurance）的部份[1]，而本研究是基於證券商之立場，因證券商是違約交割事件之當事人，因此依證券商之立場來分析共同責任制交割結算基金，在風險管理策略中屬於風險自留（retention），由於交割結算基金係於民國 77 年制定出管理法規並開始實施，為區別證券市場之環境由 77 年至今，已產生許多變化，因此本研究再依企業運用風險自留原因與目前市場上實際現況比較（請參見表十二）來分析當初選擇以風險自留的方式作為證券商證券交易之違約交割風險管理手段，若對照風險管理決策法則中較適合應用於風險自留之風險特性與違約交割風險之風險特性，兩者大相逕庭，且其中若干企業選擇風險自留之原因，依現今保險市場之進步程度可見，規範證券商將違約交割風險自留為一不適當之風險管理策略，且就保險市場而言，新興風險移轉技術已成為保險業擴大承保能量之利器。

---

[1] 柯冠瑛（2008），我國證券金融機構設置專屬保險之之可行性——以臺灣證券交易所為實例，碩士論文，朝陽科技大學，台中，頁35。

表十二、企業運用風險自留原因與實際現況比較

企業選擇風險自留的原因[2]	目前實際現況
該風險是不可保的	目前風險管理技術不斷進步，ART 技術的發展使可保範圍得以拓廣，因此不可保風險已不多見。
損失頻率高損失幅度低之風險特性，企業較常採用風險自留的手段。	違約交割之風險特性為損失頻率低、損失幅度高與適合風險自留之風險性大不相同，而違約交割風險之風險特性係損失頻率低損失幅度大，故並不適合風險自留。
企業自留風險的管理費用小於保險費	現行之共同責任制交割結算基金實際所隱含之風險管理成本無法明確量化。

表十三、風險自留之優缺點

優點	缺點
1.節省保費負擔 2.損失補償進度由企業自行掌握。 3.處理企業不可保但可預期之風險。	1.適用於損失頻率低損失幅度小。 2.無法預先估計違約交割之損失規模，也因此若風險自留所需提撥之基金亦無法估算；目前採取共同責任制交割結算基金，採取由券商提撥高額資金，以因應違約交割風險的發生。 3.造成企業財務無法靈活運用。 4.管理機制不符合風險特質。 5.企業自留資金之取得需經過詳細規劃。

2 MBA 智慧百科，資料來源：http://wiki.mbalib.com/w/index.php?title=%E9%A3%8E%E9%99%A9%E8%87%AA%E7%95%99&variant=zh-tw

再依據文獻中之分析，企業在生產經營過程中選擇風險管理策略時，各項風險管理策略都有其各自的成本及收益，企業要結合自身具體的情況作出決策，盡可能地以較小的成本減少風險所帶來的損失；最佳自留決策的基本指導原則是：將可以合理預測的損失自留，將那些不能合理預測或可能很嚴重的損失進行保險[3]。

第二節　共同責任制交割結算基金保險替代策略之效益評估

本研究所採研究方法係透過 SWOT 分析營造證券商所面臨之環境，並依證券商所面對之環境評估交割結算基金之保險替代方案所能帶來之效益，以擇定較佳之替代交割結算基金之風險移轉策略，因此在下列各項方案中評估現行之證券市場風險管理策略做為證券市場違約交割風險或以保險做為證券市場風險管理策略何者為較佳之風險管理策略。

方案一：由於交割結算基金為我國證券交易市場採行了二十多年之風險管理策略，亦為全球多數國家用以降低結算交割風險之策略，因交割結算基金實施之歷史甚久，且證

[3] 周春果（2005 年 10 月），「企業風險管理：保險與風險自留的比較分析」X 卷第 447 期。

券商已對交割結算基金制度具有相當程度之了解，因此短期內共同責任制交割結算基金仍會是證券市場之風險管理機制，因此本研究在探討證券交易風險管理策略之替代方案時，亦將現行風險管理機制之效益將一併加以分析，以求研究之完整性，以交割結算基金做為證券交易風險管理策略 SWOT 分析（請參見表十四）顯示採共同責任制交割結算基金最大之問題在於制度本身對於證券商財務面所帶來的影響，另一缺點係交割結算基金缺乏足以配合主管機關對未來證券市場規劃之彈性。

表十四、交割結算基金做為證券交易風險管理策略 SWOT 分析

優勢（Strengths）	威脅（Threats）
1.交割結算基金為目前各國證券市場降低結算交割風險較常採用之方法。 2.證券商熟悉交割結算基金運作方式。	1.資金運用不靈活 2.不符合風險管理決策法則
機會（Opportunities）	**劣勢（Weaknesses）**
1.運用全體券商互助精神。	1.多方建議證券交易風險管理機制應採保險。 2.金控整合券商需於三大市場分別繳存交割結算基金。 3.財政部已預計將我國三大交易市場規劃成立單一集保暨結算所：統籌辦理集中、店頭、期貨結算業務[4]。

4 鄭凱維、周克威、彭慧蓮，（2002，7 月 29 日），工商時報，綜合要聞第 4 版。

方案二：以傳統保險取代共同責任制交割結算基金做為證券商之違約交割風險管理機制，目前多方建議證券市場之違約交割風險管理機制應採保險，所持之理由不外乎是目前交割結算基金不符合違約交割之風險特性，或我國證券市場之風險管理機制應師法一些以保險做為風險管理機制之先進國家，改善目前交割結算基金對證券商所造成之財務壓力。只是目前傳統保險之基本原則多依賴大數法則之運用，如欲以傳統保險承保違約交割風險，則須先評估違約交割風險是否符合大數法則之要求，本研究依違約交割之風險特性剖析違約交割風險是否符合大數法則之要求，並觀諸違約交割風險於證券市場之現況，在我國證券市場之歷史上目前券商違約交割事件於集中市場曾發生過規模大小不一之違約交割事件數十餘次，原因各不相同，而其發生次數尚不足以構成大數法則之適用，且違約交割風險又具有損失頻率低之特性，因此較難找出損失發生之規律；也因此造成傳統保險無法承保證券交易之違約交割風險。依此結果來分析違約交割風險若採傳統保險做為風險管理機制之優缺點（請參見表十五），可見傳統保險對風險特性為損失頻率低、損失幅度大之風險並不是一項好的風險管理工具。

表十五、違約交割風險採傳統保險其優缺點

優點	缺點
1.傳統保險為保險公司最熟悉之業務。 2.風險轉嫁保險公司。 3.符合風險管理決策法則依據違約交割之風險特性應採取之風險管理策略。	1.就以上分析可見違約交割風險缺乏損失統計數據因此會有大數法法則適用上之困難。 2.目前違約交割之損失規模無法明確預估，若採用傳統保險，無法確定保險市場是否具備相同之承保能量。 3.風險造成之損失由企業自行承擔。

綜合以上對違約交割風險是否符合大數法則之分析可知傳統保險並不適合運於承保證券交易之違約交割風險，再依高章莉（2008）研究顯示，我國之證券保險因缺乏損失統計資料及承保能量，若能在統計資料更完備的情況下，以及創新的保險工具開發下，台灣的證券保險將更具可行性；參照此篇文獻作者之研究結果，可見若須以保險做為證券交易之違約交割風險管理機制新興風險移轉商品應為一較佳的選擇。

方案三：以雙起賠點保單取代交割結算基金。在新興風險移轉商品中多重起賠點商品所承保之產業風險與違約交割風險之風險特性相同，而在比對採用交割結算基金與雙起賠點保單兩種策略證券商所面對之環境時（請參見表十七），可看出採用交割結算基金對證券商產生之威脅在以雙起賠點保單做為風險管理策略時均得以解決；又主管機關計劃在採用共同責任制交割結算基金的情況下來整合證券市場時，對證券商而言為一劣勢；但在採雙起賠點保單時，則整合計劃應視為一種優勢，依雙起賠點保單而言，若三大交易市場欲整合，對轉換以雙起賠點保單做為證券交易風險管理機制實為一大契機，再配合雙起賠點保單運用證券交易違約交割風險之優缺點（請參見表十六），綜合以上分析可明確的看出雙起賠點保單應為保險技術中適用於證券交易違約交割風險較佳之風險管理策略。

表十六、雙起賠點保單運用證券交易違約交割風險之優缺點

優點	缺點
1.增加券商資金運用靈活性。 2.風險管理成本較低。 3.損失程度可預先得知。 4.將屬於ART商品之雙起賠點保單運用於證券市場之風險管理，亦可使保險市場與全球保險市場接軌。 5.風險管理機制與違約交割風險之風險性質完全相符。 6.風險的移轉不再侷限於傳統保險業或再保險業。 7.雙起賠點保險商品在國外運用廣泛。	雙起賠點保單之風險管理成效未知。

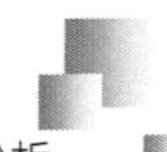

第三節　比較交割結算基金與雙起賠點保單

為能確實了解雙起賠點保單成為證券交易風險管理策略之可行性，本研究後續之比較將依本研究所建構之雙起賠點保單架構做為與共同責任制交割結算基金比較之主軸。

依據第三章所歸納出之比較風險管理策略之三項標準：

1. 風險管理成本。
2. 風險管理策略可降低風險所造成的損失程度。
3. 風險是否具可預測性。

依三項標準比較共同責任制交割結算基金及雙起賠點保單之結果（請參見表十七）

第四節　選擇雙起賠點保單的原因

依本章之分析足見違約交割風險在大數法則有其適用上之困難，當愈來愈多的學者或保險公司發現到大數法則在應用上有許多的限制時，新興風險移轉技術便應運而生[5]，而新興風險移轉商品特徵包括多年期、多險種、多重起賠點等，目前常見的類型共有七種，

[5] 陳祈嘉（2003），大數法則的迷失。第 1 屆財產保險業論文金筆獎佳作，現代保險教育事務基金會，台北。

例專屬保險公司、保險證券化等等，而新興風險移轉商品中之雙起賠點商品目前在美國有多項商品在販售（請參見表十八），又雙起賠點保單多運用於能源、交通及醫療產業或再保險，其適用產業之風險特性亦多屬損失頻率低損失幅度大，故本研究建議可以雙起賠點保險商品取代共同責任制交割結算基金。原因如下：

- 目前雙起賠點保單所承保產業之風險特性與違約交割風險之風險特性相同，即損失頻率低、損失幅度高。

表十七、比較現行證券市場之風險管理策略及雙起賠點保單

風險管理策略 比較標準	共同責任制交割結算基金	雙起賠點保單
風險管理成本	目前證券市場採用共同責任制交割結算基金作為風險管理工具證券商依規定須提撥 50 億現金，造成證券商資金流動性降低，隱含無法估計之機會成本。	本研究所建構之雙起賠保單架構，證券商維持提撥交割結算基金，保費只需以證券商所提撥之交割結算基金之孳息來繳交，證券商亦無須另行提撥購買保險之保險費。
可降低風險造成的損失程度	違約交割風險可能帶來之損失規模無法事先加以預估，因此目前之共同責任制交割結算基金以提撥巨額現金來防範無法預先估計損失之風險。	就雙起賠點保單而言在違約交割事件發生前證券商可能的損失程度至多為第一起賠點即自留額此為事先便可清楚得知的金額。
風險是否具可預測性	違約交割風險具可預測性，惟其可能之損失規模無法預測。	對於違約交割之損失事件，中央主管機關已逐步加強改進證券交易制度，而使違約交割風險發生率更加降低。

表十八、運用雙起賠點保單之產業

產業
電力公司
鐵路公司
貨運快遞公司
醫院
鐵礦石礦業公司
佛羅里達州的高爾夫度假村
密西根州的櫻桃園
財產保險的再保險契約

資料來源：本研究整理

- 雙起賠點產品具有節省保費、提升資本效率及量身訂作，可更切合要保人需求的優點。

第五節　最佳保險替代策略方案

正如本章第二節之分析傳統保險之保險基礎原理，違約交割風險並不適合運用於承保證券交易違約交割風險之保險商品，而參考目前以保險取代交割結算基金之意見，又交割結算基金之實施對券商財務面所帶來之困擾，可預見的將來證券交易風險管理機制之改變為可預期的。針對前三節之分析彙整在以保險做為證券交易風險管理機制之前提下，雙起賠點保單既可符合證券市場風險管理成本較低之原則，亦可配合違約交割之風險特性。雙起賠點保單足以做為交割結算基金替代策略之最大原因是，依證券商之立場對共同責任制交割結算基金與雙起賠點保單分別作SWOT 分析，可看出採用交割結算基金對證券商而言產生之威脅，在以雙起賠點保單做為風險管理策略時，均得以解決。且若主管機關計劃在採用共同責任制交割結算基金的情況下來整合證券市場，對證券商而言為一劣勢；但在採雙起賠點保單時，則整合計劃應視為一種優勢。在採雙起賠點保單之情況下，若三大交易市場欲整合，對轉換以雙起賠點保單做為證券交易風險管理機制實為一大契機，因此本研究認為雙起賠點保單為保險工具中做為證券交易違約交割風險之最佳風險管理策略。

第六章　結論與建議

經本研究之探討認為以保險來承保證券交易之違約交割風險為一可行之策略；縱使一般傳統產險不適宜承保此類風險，但目前在歐美、日等國對於新興風險移轉技術的開發已十分先進。

綜合以上分析，若以雙起賠點保單做為證券交易市場之風險管理策略，本研究所提出之建議可分為三個層面

1. 法律面
2. 收費面
3. 商品面

本研究透過相關文獻探討以及風險管理比較標準，試圖探討證券商所提撥之交割結算基金可否以雙起賠點保單代替之。

(一) 法律面

目前與證券商提撥交割結算基金相關之法條包括：「證券商管理規則」、「共同責任制交割結算基金管理辦法」、證券交易市場之風險管理。若採雙起賠點保單，就法律面而言，將牽涉到修改法律條文，本研究主要在探討關證券市場之風險管理擬以新興風險移轉技術作為風險管理策略，由於我國尚未開放保險公司販售 ART 商

品，因此有關法律的修改也須區分為兩部分，證券法規與保險法規，但由本研究建構之雙起賠點保單，在第一個起賠點仍然維持證券商提存交割結算基金做為自留額，故在證券法規部分所需做的更動較少。因此以雙起賠點保單替代共同責任制交割結算基金，在法規部份所需做的配合本研究建議如下表（請參見表十九）。

若以雙起賠點保單做為證券市場之風險管理策略不僅符合風險管理決策法則，即損失頻率低、損失幅度大之風險特性應採保險做為風險管理策略，亦與部分先進國家證券市場所採之風險管理策略類似，如此看來若採用雙起賠點保單，無需經過複雜之修法程序，在相關的兩個法規部分，本研究擬建議僅需經由主管機關同意，因此在轉換證券交易之風險管理策略時，亦不須耗費太多成本，且新舊制轉換之緩衝期亦不需太長。

表十九、採用雙起賠點保單所需作法規的修改

	法規種類	
	證券法規	保險法規
修改內容	本研究建議若要降低證券商所提撥之交割結算基金，依證券商管理規則第 10 條第一款規定，證券商每季提撥比率由行政院金融監督管理委員會另訂之，至於證券商每年需提撥基金的比率需經過嚴密的試算，並將比率的試算方式公開化，才能取得所有證券商之認可，而全體券商提存交割結算基金上限規範為 33 億元。	由於我國保險法第 13 條對保險種類規範嚴格，依據保險法第 13 條將財產保險區分為「火災保險、海上保險、陸空保險、責任保險、保證保險及經主管機關核准之其他保險」，因此就目前台灣保險市場尚未開放承做新興風險移轉保險商品，可適用保險法第 13 條將雙起賠點保險商品經由主管機關核准，成為保險市場可販售之保險商品。

（二）收費面

由於保險產品之收費需較深入之精算技術，但本研究所建構之雙起賠保單架構，證券商維持提撥交割結算基金，而證券商所需提存之金額由 50 億元大幅降低至 33 億。至於保費只需以證券商所提撥之交割結算基金之孳息來繳交，不會另外造成證券商保費之負擔，而雙起賠點保單之保費可利用 33 億元之交割結算基金之孳息來繳交。

（三）商品面

雙起賠點保單係屬於新興風險移轉技術，而新興風險移轉商品在我國除專屬保險公司（由長榮集團率先採用），以及 2003 中央再保險公司為分散我國因地震可能帶來的風險曾發行巨災債券，其他種類之新興風險移轉商品，尤其是雙起賠點保單則是以美國所發展出之商品為最多，因此保險公司如欲販售雙起賠點商品，尚須加強新興風險移轉技術理論面及實務面之專業，且以雙起賠點保單做為證券市場風險管理策略模式正類似於香港、新加坡、英國之證券交易風險管理策略。

本研究發現透過比較風險管理成本及風險管理策略中可降低之損失程度等風險管理策略作為比較標準，比較後之結果認為雙起賠點保單足以替代交割結算基金做為證券市場之風險管理機制，不僅可降低風險所造成之損失幅度，且所花費之風險管理成本亦較低，且多篇文獻均認為在某些前提下以保險來承保證券交易之違約交割風險具可行性；縱使一般傳統產險不適宜承保此類風險，然目前在歐、美、日等國對於新興風險移轉技術的開發已十分先進，故證券交易之違約交割風險可由新興風險移轉技術中之另類風險移轉保險商品承保之，例如本研究所建議之雙起賠點保單承保，一方面可避免自民國 77 年便開始實施之「交割結算基金」機制之各項缺失，再加上主管機關已預計將我國三大交易市場規劃成立單一集保暨結算所：統籌辦理集中、店頭、期貨結算業務[1]，然而目前主管機關顧慮之因素在整合風險控管機制部分；正可利用此一機會將風險管理之專業交由擅長風險管理之保險公司，如此一來雙方均可在證券市場之運作中發揮其本身之專業，使兩市場均能因此以改變而獲益，因此，採用雙起賠點保單的優點如下：

（一）雙起賠點保單其運作模式類似於香港、新加坡及英國之證券交易風險管理模式。

（二）同時可減少證券商繳存共同責任制交割結算基金金額減低證券商鉅額資金凍結的壓力，增加證券商資運用的靈活度。

（三）符合風險管理決策法則依違約交割風險之風險特性即損失頻率低損失幅度大應以保險為較佳之風險管理策略。

---

[1] 鄭凱維、周克威、彭慧蓮，（2002，7 月 29 日），工商時報，綜合要聞第 4 版。

第七章　後續研究建議

本研究提出之後續研究建議如下：

（一）本研究僅建構適合證券商購買足以替代共同責任制交割結算基金之雙起賠點保單之基礎架構，並提出可行性之建議，至於影響產品訂價之因素、執行效果之分析等，期待後續研究。

（二）如欲運用更創新之觀念以風險移轉技術取代整個共同責任制交割結算基金之可行性，例如保險選擇權化等，則有待日後有興趣者做更進一步之研究。

參考文獻

一、中文部分

（一）書籍

1. 鄭燦堂（2007），風險管理理論與實務（第二版），出版社：五南書局。
2. 劉威漢（2004），財金風險管理：理論、應用與發展趨勢，出版社：智勝文化事業有限公司。
3. 臺灣證券交易所(2008)——世界證券市場相關交易制度。
4. 彭光治（2003），股戲——走過半世紀的台灣證券市場，出版社：早安財金文化。
5. 陳繼堯（2000），金融自由化下新興風險移轉方法之運用現況與發展，財團法人保險事業發展中心。
6. 袁宗蔚（2004），（增訂四版）保險學概要，出版社：三民書局。
7. 凌氤寶、陳森松（2007），3 版，人身風險管理，出版社：華泰文化。

8. 林信惠、黃明祥、王文良（2005），軟體專案管理，出版社：智勝文化事業有限公司。
9. 李開遠（2008），證券管理法規新論（第五版），出版社：五南書局。
10. 呂長民（2009），行銷研究：企業研究方法實務應用，出版社：前程文化。
11. 吳瑞雲、郭德進（2002），3 版，保險法理論與實務逐條釋義，出版社：華泰文化。
12. 王甡、許孟彥（1999），證券商市場風險管理之研究，研究報告，出版社：證基會。

（二）學術論文

1. 蔡昆洲（2003），全球證券市場後台整合新趨勢——從結算交割風險管理論集中交易相對方制度。碩士論文，中原大學，財經法律研究所，桃園。
2. 黃月圓（2005），我國證券市場重大違約交割之研究。碩士論文，國立高雄第一科技大學，金融營運系，高雄。
3. 游依仁（2003），企業運用整合型風險管理策略可行性之研究——或有資本。碩士論文，逢甲大學，保險所，台中。
4. 陳祈嘉（2003），大數法則的迷失。第 1 屆財產保險業論文金筆獎佳作，現代保險教育事務基金會，台北。
5. 陳志宏（2006），就風險控管之觀點評析我國現行證券市場「共同責任制交割結算基金特別管理委員會」之效益。

碩士論文，國立政治大學經營管理碩士學程（EMBA），台北。
6. 陳玉波（2003），企業專業管理之風險評估流程。碩士論文。國立中山大學資訊管理研究所，高雄。
7. 張炳坤（2000），證券交易上交割基金之研究。碩士論文，國立中正大學法律學研究所，嘉義。
8. 張宏銘（2008），台灣證券交易所監理行為之探討，碩士論文，臺北大學，法律研究所，台北。
9. 高章莉（2008），台灣證券商經營風險與保險規劃之研究。碩士論文，淡江大學保險學系保險經營碩士在職專班，台北。
10. 胡桂嘉（2003），銀行財富管理業務中結構型商品行暨競爭關鍵成功因素之研究。碩士論文。銘傳大學財務金融學系碩士在職專班。
11. 柯冠瑛（2008），我國證券金融機構設置專屬保險之可行性——以臺灣證券交易所為實例。碩士論文，保險金融管理系碩士班朝陽科技大學，台中。
12. 林肇基（2002），我國證券投資人違約交割因素之探討，碩士論文，朝陽科技大學，財務金融碩士班，台中。
13. 林紹州（2005），投資人違約交割信用風險管理之探討，碩士論文中原大學，企業管理研究所，桃園。
14. 林俊宏（2004），證券投資人及期貨交易人保護基金法制之研究。碩士論文東吳大學法律學系，台北。

15. 周倪安（2003），我國證券商部位風險之探討，碩士論文，元智大學，管理研究所，桃園。
16. 吳曼寧（2001），我國綜合證券商風險管理之研究，碩士論文，國立臺灣大學，會計學系碩士班，台北。
17. 王燦堂（2007），探討台灣地區綜合證券商設立分支機構經營績效影響之因素。碩士論文，銘傳大學，管理學院高階經理碩士學程，桃園。
18. 王元平（2005），保險經紀人損害防阻服務之研究。碩士論文。銘傳大學經濟學系碩士在職專班，桃園。

（三）期刊與研究報告

1. 羅嘉宜（2003），「行政院金融改革專案小組資本市場工作小組重點執行成果報導」。證券暨期貨管理月刊，第21卷，第8期，頁1-10。
2. 魏寶生（2005），「企業風險管理　你做了嗎？」。贏家雜誌，第14卷。
3. 戴志傑（2002），「論我國證券商風險管理之法制建設」。證券暨期貨管理，第20卷第1期，頁1-23。
4. 賴怡真、陳美真（2005），「風險管理」網路社會學通訊期刊，第48期。
5. 蔡鴻璟（2008），「T+2日交割制度（DVP）之說明」。證券暨期貨月刊，第36券第11期，頁31-36。

6. 潘景華（2003），「臺灣證券交易所未來發展策略之研究」台灣證券交易所九十二年度研究報告。
7. 劉德明、蘇秀玲、高儀慧（2002），設置集中結算機構問題研究——集中結算機構設立方式與組織型態分析，臺灣證券集中保管股份有限公司。委託研究計劃，台北。
8. 寧國輝、蕭仁志，闕鴻華（2004），建立證券商風險管理機制方案暨未來展望，證券暨期貨管理月刊，第 22 卷第 3 期，頁 9-20。
9. 馮震宇（2002），「從結算交割發展趨勢論跨國結算交割之風險」。證券暨期貨管理，第 20 卷第 7 期，頁 1-25。
10. 曾玉瓊（2005），瑞德英財務再保險／有限再保險監理及發展現況考察報告，行政院金融監督管理委員會保險局，台北。
11. 陳靜芳（2008），「於全球治理浪潮下談 IOSCO 及檢視我國證券暨期貨相關規範是否符合 IOSCO 三十項原則專案」證券暨期貨月刊第 26 卷，第 4 期，頁 23-28。
12. 郭軒岷（2004），「淺談風險管理」。證券暨期貨月刊，第 22 卷第 3 期，頁 4-8。
13. 陳秉正（2000）「國外非傳統風險轉移產品介紹」保險研究，窗口 2000 年第 10 期。
14. 林寶珠、王敏馨（2003），「21 世紀的企業風險管理制度——掌握變化規劃預防　化險為夷從中獲利」。會計研究月刊，第 2 卷第 10 期，頁 51-58。

15. 林維義（2006），「談臺灣證券集中保管事業之願景」。臺灣證券集中保管股份有限公司。集保月刊，第 90 期，頁 3-104。
16. 林炳滄（2002），企業經營與風險管理。永續產業發展雙月刊。
17. 宋明哲（2007），「ERM 企業全方位風險管理」。空大學訊 383 卷，頁 114-117。
18. 王毓敏，呂素蓮，陳柏志（2006），「改善證券商整體經營風險預警指標與監管品質之探討」，台灣金融財務季刊，第 7 卷第 2 期，頁 63-80。
19. 毛祈財、莊秀珍等人（2002），「縮短結算交割期之探討」。臺灣證券集中保管股份有限公司。

（四）新聞報導

1. 薛翔之、彭禎伶（2008，05 月 30 日），銀行退場　擬由共保力量執行。工商時報。A2 版。
2. 蕭志忠（2008，11 月 26 日），T+2 款券交割新舊制比較。經濟日報。
3. 蕭志忠（2007），結算基金納入保險降低違約交割風險。經濟日報。B2 版。
4. 鄭凱維、周克威、彭慧蓮（2002，7 月 29 日），「《財部規劃》成立單一集保暨結算所：統籌辦理集中、店頭、期貨結算業務，三大交易所收益將大幅縮水，期交水衝擊最大」。工商時報。綜合要聞第 4 版。

5. 陳麗珠（2001，12 月 22 日），顏慶章：放寬漲跌幅　股市穩定後再定奪。自由電子新聞網 http://www.libertytimes.com.tw/2001/new/dec/22/today-e2.htm
6. 梁炳球、黃淑儀、劉復苓（1999，02 月 13 日），「如何增進交割制度之安全與投資人保護基金之設置」研討會擴大保護基金規模　確保投資人權益強制款券劃撥　投資人風險不小。經濟日報／16 版／投資話廊。
7. 周克威（1999，11 月 5 日），「證交所將研究交割結算基金的適法性問題」。工商時報。
8. 李淑慧（2004，03 月 8 日），「新興風險移轉保險　可望開放」經濟日報。4 版
9. 李志宏（2004，4 月 25 日），引進國外成熟制度。經濟日報。24 版。

（五）網站

1. 臺灣證券交易所 http://www.twse.com.tw/ch/index.php
2. 鉅亨網 http://news.cnyes.com/
3. 財團法人金融聯合徵信中心 http://www.jcic.org.tw
4. 政大財政學系 http://pf.nccu.edu.tw/modules.php
5. 行政院金融監督管理委員會 http://www.fsc.gov.tw
6. 台灣法律網 http://www.lawtw.com/

7. 中華信用評等公司 http://www.taiwanratings.com/tw/
8. DHD consulting Team2008.0509 3see 市場研究信息網「國際保險業在挑戰中抓住機遇發展」http://freereport.3see.com/items/2008/05/19/10848.html
9. 美國金融會計準則委員會 http://www.fasb.org/derivatives/issueb26.shtml
10. 台北平衡計分卡推廣協會 http://www.bsca.org.tw/?action-viewnews-itemid-21
11. MBA 智慧百科 http://wiki.mbalib.com/w/index.php?title=%E9%A3%8E%E9%99%A9%E8%87%AA%E7%95%99&variant=zh-tw
12. DJ 財金知識庫 http://km.funddj.com

二、英文部分

1. AndreasMüller, München, 2000, Integriertes Risikomanagement für die Versicherungsbrance, Deutsch：Münchener Rück.
2. Bank, Eric, 2004, Alternative Risk Transfer: Integrated Risk Management through Insurance, Reinsurance and the Capital Market, New York: John Wiley & Son
3. Banham Russ, 1999, Double Whammy, CFO publishing
4. Conley, John, 1999, 3 Winning Ways, Risk Management, December, 12-16.

5. Gründl, Helmut and _Schmeiser, Hato, 2002, pricing Double Trigger Reinsurance Contracts: Financial versus Actuarial Approach, Journal of Risk and Insurance, 69, 449-468.
6. International Convergence of capital Measurement and Capiral Standard-A Revised Framework, 2004, Basel committee on Banking supervision, Swizerland: Bank for International Settlements.
7. Mehr, I. Robert and Hedges A.Bob, 1974, Risk Management: Concepts and Application, New York: McGraw-Hill.
8. Schober, M. Lawrence, 2000, pricing Multiple Triggers-An Electrifying Example, Casualty Actuarial Society Discussion Paper in Program Casualty Actuarial Society, Arlington, Virginia.
9. Swiss Re, Sigma, No. 1/2004

附錄

我國證券金融機構設置專屬保險之可行性

——以台灣證券交易所為實例

作者：王　言（朝陽科技大學保險金融管理系副教授）
柯俊禎（朝陽科技大學財務金融系講師）
柯冠瑛（朝陽科技大學保險金融管理系研究生）

壹、前言

台灣證券交易所設置交割結算基金之目的即維護證券市場交易之信用並保護投資人，發揮證券商自律功能，減少違約事件發生之風險，惟此交易所未來必將面臨民營化（四合一）與國際化的趨勢下，目前以設置「交割結算基金」來管理市場信用風險的多年經營模式是否符合企業經營的效益確實值得討論與分析。

反觀，目前企業成功的運用專屬保險公司之模式來經營其各項業務之風險管理已成為一種「另類風險移轉」（Alternative Risk Transfer）方式。對台灣而言，專屬保險第一次被企業機構成功運用，是由長榮集團在 1992 年率先成立第一個風險管理部門[1]。而政府單位方面基於強化專屬保險議題對台灣經濟發展之重要性，在 2005 年和 2007 年，保險發展中心分別舉辦「專屬保險之介紹及適法性探討」座談會與「台灣～專屬保險註冊的明日之星」研討會。此外我國於「區域金融服務中心推動方案發展策略」將「設置專屬保險之可行性」列入子題，足見政府對專屬保險發展之重視。專屬保險之概念，主要的規劃範圍即針對損失頻率低而損失幅度大之事件中。在學術研究方面，已有把專屬保險公司之概念運用至不同的企業，進行可行能之探討，例如新竹科學園區、德塔電子公司、工程保險、長榮航空、醫師責任保險等。惟將專屬保險之概念運用在金融機構以進行風險移轉之可能性分析實屬有限。

基於上述之研究動機，擬從違約交割風險之特性來試圖探討以專屬保險之建置來取代目前台灣證券交易所運作多年之防範證券商違約交割風險機制——「交割結算基金」之可行性以及其效益。本文共分五部分，第二部分針對專屬保險公司之基本概念以及目前運用在各行業等情況進行說明，第三部分針對風險特質來分析交割結算基金之替代方案，第四部分為對風險特質分析之結果，探討台灣證券交易所以專屬保險公司代替傳統交割結算基

1 1992 年在曼島設立專屬保險公司，(Captive) Marinair Insurance Company Limited，運用 Captive 資源協助長榮集團各公司規劃全面性的保險方案，於 1998 年遷至百慕達並擴大業務範圍，已成專業再保險公司 Evergreen Reinsurance Company Limited

金對公司經營之影響為何，第五部分就上列各項分析，推薦台灣證券交易所設置專屬保險公司為最佳模式，最後就上述的探討，提出結論與建議。以期能藉此機會為我國證券市場經營之風險管理方面，提供另類的思考模式。

貳、專屬保險公司

所謂專屬保險公司（Captive Insurance Co.），狹義而言，係指本身並未從事保險業務的一家企業或集團所擁有的保險公司或再保險公司，其首要經營目的在於承保母公司（parent company）的風險[2]。近似於自我保險計劃，為一種另類風險移轉工具（Alternative Risk Transfer, 簡稱 ART）。企業憑本身經驗可相當正確地預估可能承擔之損失。專屬保險之設立係經濟單位合理、有計畫之危險自留（risk retention），可有效控制風險、分散風險[3]。在性質上為介於自保與商業保險間之一種組織型態，雖類似危險轉嫁，但實際上則係危險自留，為經濟單位自保計畫之一種特殊型態[4]。但若專屬保險公司另有承作其所屬企業集團外

---

2 Swiss Reinsurance Company（2003）. The picture of ART. Sigma, 1, p.18.

3 保險事業發展中心（2003）。保險英漢辭典。台北市：保發中心。頁 206。

4 楊尊堡（2004）。政府辦理工程專屬保險機構可行性之研究。碩士論文。國立中興大學土木工程學系，台中。

之保險業務，擴大經營基礎，或安排相當程度的再保險，便可超脫危險自留的範疇。

當企業成立專屬保險公司後，此應為子公司之型態。每年母公司繳交之保險費將可進行有效之運用，以新加坡為例。根據新加坡金融監理機關（Monetary Authority of Singapore, MAS）所發佈之 Insurance Act – Chapter 142[5]中即有規範專屬保險公司其資金運用的獨立性。

就學術探討，已有許多文章提及專屬保險公司之概念運用，其中包括：

李建輝（2001）認為專屬保險公司的興起，起初係導因於保險產業的景氣循環，在市場核保周期緊縮時，就是專屬保險形成的熱潮。由於風險管理哲學的盛行，越來越多的風險控管者都意識到，傳統上所沿用唯的的購買保險方法已非最佳對策，因此已將專屬保險計畫列入風險理財與財務管理整合計畫中。在風險自留方法中，專屬保險是最被廣泛使用者，尤其在歐美已蔚為風氣，不僅可作為企業集團安全控管中心，又可與傳統的保險公司建立橫的聯繫，同時亦可作為進入再保險市場的橋樑。其主要在探討企業於使用專屬保險公司時，一些風險自留的原則與相關的背景，以作為實務上進行可行性之研究。以一家德塔公司（假名）為例，利用保險界中的現行使用的標竿比率，擷取其 1999 年年報主要財務資料，計算出其「風險承擔能力」。在設定其風險容忍水

---

[5] http://www.mas.gov.sg/

準之後，提出對於德塔公司而言應會有長期利益的風險保留管理方案的建議。根據文獻、探討資料相關收集，依據個案公司財務強度決定風險承擔能力，配合保險市場費率訪價結果，套用個案公司損失歷史資料，依三種情境來分析企業實施專屬保險的可行性分析研究，並運用財務分析的模式，評估實施專屬保險的績效，期能了解實施專屬保險時應考慮的條件與限制，並藉由實際的財務模式進一步了解專屬保險的運作過程。最後的決定，仍然必須參酌公司的管理能力與需求，保險市場的彈性來選擇適合自己的方式，而且必須逐年調整，以發揮專屬保險公司的實際功能。

余欣庭（2001）在專屬保險專款專用之原則觀念下，順應風險證券化之潮流，利用風險分析數值方法與敏感性評估方式，構建以分離帳戶管理企業保險風險之模式化方法，以供風險管理人管理專屬保險、風險自留與再保安排時之評估依據。此研究精算模式的確可有效控管保險風險對公司資本盈餘之衝擊，同時藉資本分層估列資金成本之安排，將有助於企業在決定變動基金（自留額）之外，能與相同再保限額之再保費率比較，以利保險決策之擬定，並達成企業風險理財功能之發揮，使風險管理與公司理財相輔相成。

沈義舫（2004）由於天災損失造成國內保險市場保險損失嚴重，企業集團面臨國際保險市場急劇的變化，保險費率頻頻上升，承保範圍相對縮減，再加上國內保險公司對再保險市場無法全盤掌控費率及承保條件，使企業集團對保險費用之支出成為一項沈重負擔。因而保險衍生性金融商品出現，成為企業集團處理傳統保險市場之另類選擇。探討從專屬保險公司變化型態、理論與實務實分析、專屬保險公司成立前後應考慮之作業流程和企業集團該如何跨出傳統保險進入專屬保險公司領域及再保險人主要考慮問題等，以實務方式設立專屬保險公司，其中加上不同之情境分析，供國內企業集團設立專屬保險公司時，應先行考慮之重要決策。使企業集團設立專屬保險公司後，對其風險理財能獲得更高之效益。

陳真明（2002）以執業醫師為主體，採用風險管理方法中較自己保險更為安全可行之專屬保險方式風險管理最重要目標為對於任何風險發生，能事先透過各種方案，以最低的代價來達成控制風險的最大效益，藉此減輕因損失造成的直接與間接性負擔。採用比較研究法與個案研究法（可行性研究），根據歷史文獻指南，收集相關探討及調查報告資料，並依據醫師公會及產險公會之統計資料，配合醫師責任保險市場費率訪價結果，參考過去損失經驗，並依一般情境及敏感度分析來探討成立醫師專屬保險公司的可行性研究。並透過財務分析的現金流量模式，來檢視、評估專屬保險公司的經營績效，以進一步了解專屬保險的運作過程。本文結果發現，執業醫師成立專屬保險公司，實為消化損失、移轉風險，可以採行之保險制度，未來將可作為醫師公會會員或相關醫療機構，規劃醫療責任保險風險理財策略之參考。

楊尊堡（2004）認為目前國內工程執行單位多以「保險」來作為風險管理的方式。然而工程保險制度實行多年以來，已有一定成效，也已經獲得各主辦機關的認同。然而在歷經目前國際恐怖活動頻繁與國內天災頻率偏高的情況之下，再保險公司大多退出國內市

場，導致本國的產險公司缺少了風險再轉移的對象，承保工程保險的意願則更為低落。使得近年以來國內許多大型的公共工程無法在保險市場上購得保單，即使購得保單，其自負額與費率均大幅增加，明顯產生不合理的現象。故欲利用 SWOT 分析法、問卷調查法就此予以研究，期望能獲得其他執行的替代方式，可做為相關單位參考。研究結果認為由政府成立「工程專屬保險機構」以因應保險難以接洽的困境，確有可行之處。為評估成立「工程專屬保險機構」的優缺點，以 SWOT（Strengths、Weaknesses、Opportunities、Threats）矩陣表分析，對機構的弱勢與威脅，採取適當的因應措施，方能有效掌握其缺點，促成機構的推動。

蔡錦蓮（2004）因政府近幾年來促進產業活動首推「兩兆雙星」的高科技產業：電子業及光電業。但高科技產業不斷變化，目前已面臨部分投保不足額或特殊保險需求……等保險問題，須尋求解決方案。因此本研究希望從另類風險轉移（ART）的方法之一：企業成立專屬保險公司的可行性進行評估，藉以提供光電業者評估另類風險轉移法之參考。研究則採情境假設法，預估 A 光電廠在設置專屬保險公司之初期 5 年內，在每年運輸險理賠條件新台幣 500 萬元之運輸險理賠以及第三年發生重大事故，分別造成新台幣 3,400 萬或 8,500 萬元的損失的時候，對 A 光電廠公司之專屬保險公司的財務影響，作其實證分析。

專屬保險公司之出現對於傳統之保險公司帶來一定程度之影響，本研究所探討之型態以單一母公司之專屬保險公司（Single Parent Captive）為主，而其與傳統保險公司相異之處由下表一可知：

表一、專屬保險公司與傳統保險公司比較表

項目	專屬保險公司	傳統保險公司
承保決定	母公司及專屬保險公司	保險法第 13 條明文規定
資本要求	傳統保險公司之 1/4 至 1/5	由「保險業設立許可及管理辦法」之第 2 條規定： 申請設立保險公司，其最低實收資本額為新臺幣 20 億
成本	單純管理費用 2 萬美金以內（不含稅負、人事費用）	「保險業設立許可及管理辦法」之第 3 條規定： 保險公司之設立，發起人應於申請許可時，按最低實收資本額繳足至少百分之 20 之股款。 以上資金用於購置營業上必要之固定資產及支付開辦費用。
資金運用	由專屬保險公司的投資管理公司決定，須遵守營業登記地的法規	保險法第 146 條規定保險業資金之運用，除存款外，以下列各款為限： 1.有價證券 2.不動產 3.放款 4.辦理經主管機關核準之專案運用、公共及社會福利事業投資 5.國外投資 6.投資保險相關事業 7.從事衍生性商品交易 8.其他經主管機關核准之資金運用
營業項目	無法承接營業登記地之直接保險業務	保險法 138 條規範保險業之業務範圍

參、風險特質分析

針對風險管理原則之決定評估。首要工作在於分析各種風險發生之損失頻率（Frequency of Loss, FL）及其可能的損失幅度（Severity of Loss, SL）。並就損失頻率與損失幅度之高低大小選擇最佳之風險策略。而所謂之損失頻率為特定群體對象在某一期間內，平均每一危險單位發生一特定危險事故的次數即：

$$\text{損失頻率}（FL）=\frac{\text{實際發生特定損失事故之總次數}}{\text{風險暴露單位總數}}；$$

所謂之損失幅度為特定群體對象在某一期間內，平均每次遭受一特定損失事故所受損失金額的大小程度即：

$$\text{損失幅度}（SL）=\frac{\text{實際發生特定損失事故之損失總值}}{\text{實際發生特定損失事故之總次數}}$$

僅就證券市場信用風險之特性分析之，在完善以及嚴謹之內外部稽核制度之下，台灣證券交易所防範之違約交割風險實係屬損失頻率低、損失幅度高之風險種類，而針對此一風險特質所選擇控管策略，應以設置專屬保險公司為較有效率之管理模式（圖一[6]）

6 參閱吳君誠（2007）。風險管理與保險課程講義。未出版。東吳大學。管理風險的工具（二）

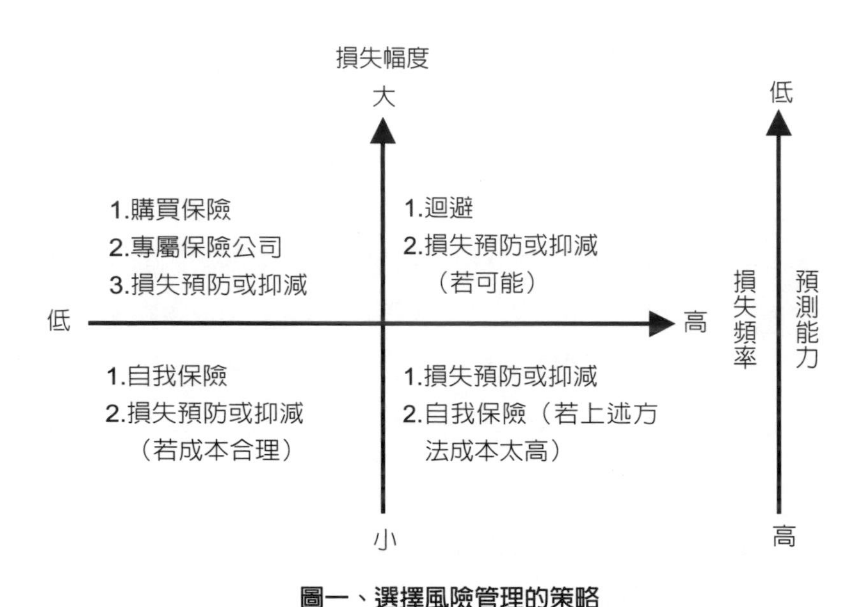

圖一、選擇風險管理的策略

在認識風險後，針對台灣證券交易所之交割結算基金——替代方案之效益分析，其風險管理機制可分為下列三大類：

一、台灣證券交易所——共同責任制之交割結算基金之效益評估

證券交易所之交割結算基金，就保險原理而言，實屬於自己保險（Self-insurance）的部份，以自行成立自保基金以補償將來可能發生之損失。此種自己保險之優缺點如下表二所示

表二、自己保險之優缺點

優點	缺點
1.節省保費負擔 2.理賠處理較有彈性 3.處理不可保保險 4.使企業致力於加強損失防阻的工作	1.危險單位不足 2.缺乏專業危險管理人員 3.自保基金建立費時 4.資金運用缺乏彈性與成本效益 5.管理機制不符合風險特質 ➔風險管理機制和交割結算基金之風險特質不相吻合

我國證券市場自設立共同責任制交割結算基金以來，大型證券商認為凍結大量資金於防範市場違約，影響其資金運用之靈活度[7]。另一方面，以自己保險而承擔損失可能性之評估，仍應視其本身之財務狀況、財產在地域上的分佈情形，以及風險性質等因素而決定之。例如對損失發生頻率較低但嚴重性較高之危險，因預測不易，故不宜採用自己保險方式[8]。

二、台灣證券交易所購買「保險商品」替代交割結算基金之效益評估

針對此種違約風險之信用保險，目前遇到的問題如下：

---

7 陳志宏（2007）。就風險控管之觀點評析我國現行證券市場「共同責任制交割結算基金特別管理委員會」之效益。碩士論文，國立政治大學經營管理碩士學程（EMBA），台北。

8 涂兆賢（2007）。保險學講義。未出版。真理大學。

1. 市場性：現今國內保險市場上尚未有相關適當之產品及發行，
2. 承保不易：若要單一間保險公司進行此方面之承保實屬虛談，因風險程度遠超過其願意承擔的額度。然若是數間保險公司共同承保，即可解決承保量不足之問題。
3. 劃分不明：保險分為人壽保險與財產保險。台灣證券交易所之交割結算基金其絕非人壽保險，但其保障為違約風險，亦非為財產保險。故未來該由壽險公司或產險公司進行承保也為一大難題。

保險市場上，較類似之產品為「員工誠實保證保險」其保障內容為被保險人（即企業體）所有依法應負責任或以任何名義保障之財產，為任一被保證員工，因單獨或共謀不誠實行為所致直接損失，由承保之保險公司負擔賠償責任。其保險費月費率為總投保金額之萬分之 1.9，費率方面金融業遠高於一般傳統產業。

惟根據陳志宏（2007）研究指出若在適法性、即時性等因素都能加以克服之情況下，未來「共同責任制基金」以「保險」方式替代，應可認為是可以被考慮接受之選項之一。若將可行，僅就其優缺點約略如下：

表三、保險之優缺點

優點	缺點
1.風險轉嫁給保險公司	1.承保不易 2.保險費率高 3.影響公司營運成本 ➔風險管理機制和交割結算基金之風險特質不相吻合

三、台灣證券交易所設置專屬保險公司替代交割結算基金之效益評估

本研究建議台灣證券交易所以設置專屬保險公司之方式替代交割結算基金，其主要考量在於台灣證券交易所已具有相當的規模，良好的財務結構、嚴謹的證券市場風險管理制度與能力，以及市場之違約交割事件係屬損失頻率低、損失幅度高之風險特性等，以上特性實具備成立專屬保險公司之客觀因素。

準此，企業設立專屬保險公司的好處如下：

1.促進保險的效率：

當保險市場不願承保該企業之某些重大危險，或承保之保費過多，導致該企業不願或無力承擔時。透過專屬保險公司即可自行規劃提供適合其個別及特殊的需求保險保障將風險自留，促進保險的效率。

2.將原本用來支付保費之現金流量保留在母公司：

採用專屬保險公司，保費現金流量則依然保留在公司內。且其近似自我保險的一部份，故保險成本上可以有效的降低，資金可做投資運用，以增加財務收入。投資收益在某些境外專屬保險公司所在地是免稅的，會為公司帶來現金流量效益。

3.可與再保險市場接軌：

由於專屬保險公司是保險公司，對超過其自身之承保能力部分可以透過再保險方式分散其危險，另一方面亦可接受外來業務，而拓展國際問之再保險交易，故其可與全球再保險市場接軌。

4.專屬保險公司之稅賦效益：

在某些國家成立之專屬保險公司，其母公司支付給專屬保險公司的保費是可以免稅的，因此，與自己保險（Self-insurance）相較，專屬保險公司為母公司的財務報表帶來了稅賦方面的利益。

根據資料[9]顯示，許多大型公司都擁有自己的專屬保險公司，大部分單一母公司的專屬保險公司為「財富」雜誌 1000 大公司所擁有。屬單一母公司類型的專屬保險公司占全球之 70%，另外 30%係屬集團母公司類型。

---

[9] Swiss Reinsurance Company（2003）. The picture of ART. Sigma, 1.

表四、專屬保險公司之優缺點

優點	缺點
1.增加資金運用 2.風險控管靈活 3.解決承保問題 4.增加收入來源 5.風險管理機制符合交割結算基金之風險特質	1.經營成效未知 2.母公司投資成本增加

就綜合上述三種風險管理機制相對於證券市場交割風險特性之優缺點分析，台灣證券交易所以設置專屬保險公司之方式替代交割結算基金，不僅能解決目前保險上無法承保之問題，妄能使其風險控管更加靈活，並能對母公司之業務經營與財務投資做有效率之運用，進而增加母公司之營收，亦與交割結算之風險特質較為吻合。故利用專屬保險公司替代現今台灣證券交易所之交割結算基金似可為最佳風險防範機制之考量。

肆、影響性分析

藉由 SWOT 分析來探討替代方案對於台灣證券交易所經營之影響，其主要分析組織內部的優勢與劣勢以及外部環境的機會與威脅。

方案一：台灣證券交易所——共同責任制之交割結算基金

效益分析後，若台灣證券交易所未選取其他替代方案，則其所處之環境則如下圖二所示，可明顯看出其放棄以專屬保險公司替代交割結算基金之機會以及對於證券四合一的變化並未能有適當的因應。

Strength 優勢	Weakness 劣勢
1.熟悉基金運作方式 2.理賠及時	1.資金運用不靈活 2.不符合風險控管之效益
Opportunity 機會	**Threat 威脅**
1.降低結算交割風險	1.證券四合一的變化

圖二、交割結算基金之 SWOT 分析

方案二：以購買「保險商品」來替代交割結算基金之影響性分析

經效益評估過後，若台灣證券交易所選擇以「購買保險」的方式來替代交割結算基金，則其所處之環境則如下圖三所示，可明顯看出以購買保險方式來替代可解決原本資金運用不靈活及缺乏專業管理者的劣勢，相對也增加理賠速度的不確定性、保費成本高以及承保不易等劣勢。但可約略看出以此方式來替代原本之交割結算基金，是有較好之趨勢。如陳志宏（2007）研究指出若

在適法性、即時性等因素都能加以克服之情況下，未來「共同責任制基金」以「保險」方式替代，是可以被考慮接受之選項之一。

Strength 優勢	Weakness 劣勢
1.風險轉嫁	1.理賠速度不定 2.承保不易 3.保費成本高 4.不符合風險控管效益
OpportunitZy 機會	**Threat 威脅**
1.組織內部劣勢嚴重，可透過另類風險移險——專屬保險公司解決之	1.證券四合一的變化 2.保費調整的隱憂

圖三、購買保險方案之 SWOT 分析

方案三：設置「專屬保險公司」替代交割結算基金之影響性分析

效益評估過後，雖然證券交易所之交割結算基金與專屬保險公司皆為風險自留的措施，但專屬保險公司可透過承作其所屬企業集團外之保險業務，擴大經營基礎，或安排相當程度的再保險，即可超脫危險自留造成資金運用效益不足的範疇。

若台灣證券交易所選擇以設置「專屬保險公司」的方式來替代交割結算基金，則其所處之環境則如下圖 4-3 所示，可明顯看出以設置專屬保險公司方式來替代除了可解決原本方案一之資金運用不靈活以及不符合風險控管效益之劣勢；也解決方案二中理賠速度不定、承保不易、保費成本高之劣勢；而未來企業成立專屬保險公司將會是具可行性的一種趨勢。

Strength 優勢	Weakness 劣勢
1.增加可運用資金 2.風險移轉 3.節稅 4.理賠及時 5.收入增加 6.風險管理機制符合風險特性	1.經營成本增加 2.經營成效未知
Opportunity 機會	**Threat 威脅**
1.增加投資機會 2.擴展保險業務 3.熟悉專屬保險公司運作方式	1.證券四合一的變化

圖四、專屬保險公司之 SWOT 分析

由上述三則方案可清楚看出，方案三不僅增加優勢、解除劣勢，同時增加在市場上的機會。故以專屬保險公司替代交割結算基金將會是最佳之模式。

伍、最佳模式

經由效益評估與影響性分析選擇出最佳之模式——以專屬保險公司方式替代交割結算基金。本節並就法規、地點、資本等問題進行討論，並就上列文獻設計出最佳模式。

一、法規面

目前台灣證券交易所與交割結算基金相關之法條包括：「證券交易法」、「證券交易所管理規則」、「證券商設置標準」、「證券商財務報告編制準則」、「公司制證券交易所財務報告編製準則」、「證券商管理規則」、「臺灣證券交易所股份有限公司共同責任制交割結算基金管理辦法」等。

本文研究之交割結算基金，以台灣證券交易所提撥之部份為主，若台灣證券交易所要設立專屬保險公司，基礎法源上首要修改的應為「證券交易法」及「證券交易所管理規則」；此外「公司制證券交易所財務報告編製準則」以及「臺灣證券交易所股份有限公司共同責任制交割結算基金管理辦法」等亦是應修改之法條，惟不在本文範圍內。

首先針對民國 95 年 05 月 30 日修正之「證券交易法」做一探討，並擬建議法條之內容修正略如表五及表六所示：

表五、證券交易法[10]之條文修改

條文	修改後之條文	原條文
第153條	證券交易所之會員或證券經紀商、證券自營商在證券交易所市場買賣證券，買賣一方不履行交付義務時，證券交易所應指定其他會員或證券經紀商或證券自營商代為交付。其因此所生價金差額及一切費用，證券交易所動用順序：**證券交易所——專屬保險公司之理賠；證券商提存之交割結算基金**；如有不足，再由證券交易所代為支付。均向不履行交割之一方追償之。	證券交易所之會員或證券經紀商、證券自營商在證券交易所市場買賣證券，買賣一方不履行交付義務時，證券交易所應指定其他會員或證券經紀商或證券自營商代為交付。其因此所生價金差額及一切費用，證券交易所應先動用**交割結算基金**代償之；如有不足，再由證券交易所代為支付，均向不履行交割之一方追償之。
第154條	證券交易所得就其證券交易經手費支付保險費，備供前條規定支付，其支付保險費之比率由主管機關以命令定之。 仍有價證券集中交易市場買賣所生之債權，就第一百零八條及第一百三十二條之交割結算基金有優先受償之權，其順序如左： 一、**證券交易所設置之專屬保險公司**。 二、委託人。 三、證券經紀商、證券自營商 四、證券交易所 交割結算基金不敷清償時，其未受清償部分，得依本法第五十五條第二項之規定受償之	證券交易所得就其證券交易經手費提存賠償準備金，備供前條規定之支付；其攤提方法、攤提比率、停止提存之條件及其保管、運用之方法，由主管機關以命令定之。 因有價證券集中交易市場買賣所生之債權，就第一百零八條及第一百三十二條之交割結算基金有優先受償之權，其順序如左： 一、**證券交易所**。 二、委託人。 三、證券經紀商、證券自營商 交割結算基金不敷清償時，其未受清償部分，得依本法第五十五條第二項之規定受償之

[10] 公布日期於民國57年04月30日；最終修正日期於民國95年05月30日

第二部份應修改之法條為「證券交易所管理規則」，其須修改之法條於表六。

表六、證券交易所管理規則[11]之條文修改

條文	修改後之條文	原條文
第20條	證券交易所得設立專屬保險公司經營證券市場交易違約之風險理賠業務，並應依損失幅度與損失頻率之原則分析責任及準備金之提存。	證券交易所提存前條之賠償準備金，應專戶提存保管，非經本會核准，不得為左列以外之運用： 一、政府債券。 二、銀行存款或郵政儲金。

應修改之法條略上所述，除法規面之外，資本面亦是成立專屬保險公司一個重要的考量，本研究建議台灣證券交易所之專屬保險公司設置地點，應於國外地區較佳。

二、資本面

成立專屬保險公司所需之資金，依設置地點之法規而有所不同。根據 Sigma 文章得知，主要專屬保險公司之設置地點大多為百慕達（Bermuda）、開曼群島（Cayman）、佛蒙特（Vermont）等。除以上專屬保險設置地外，本研究亦認為亞洲第一個專屬保險專區—新加坡（Singapore）為可設置之地點。

[11] 發布日期於民國 58 年 02 月 14 日；最終修正日期於民國 95 年 06 月 13 日

（一）最低資本要求

表七、設置所在地之最低資本額

所在地	最低資本額
百慕達	US$250,000[12]
開曼群島	US$240,000[13]
佛蒙特	US$250,000[14]
新加坡	星幣 400,000 元➔約 US$289,000 （97.3.8 匯率：SGD 1=USD 0.7225）

（二）費用及稅賦規定

此部份主要著重於投資收益，為了替公司帶來現金流量效益，期望選擇在投資收益免稅之某些境外（Offshore）專屬保險公司。下表為設置所在地相關之稅賦規定。

（1）百慕達 Bermuda

設立於百慕達的專屬保險公司分為三個等級，會隨法定股本與資本公積不同而有相異的規定。本研究假定設立之專屬保險公

---

12 李建輝（2001）。企業實施專屬保險可行性分析——以德塔電子公司為例。碩士論文，中山大學企業管理研究所，高雄。

13 http://www.webcom.com/~offshore/sh/insurance.htm

14 http://www.vermontcaptive.com Section 6004, Minimum capital and surplus; letter of credit

司為第二級，營業之範圍屬於多個公司的專屬保險，最多可承作20%的第三人企業簽單。其所需要之開辦費用與經營成本如下：

表八、百慕達設立之相關費用

支付內容	金額
法定費（Legal fees）	US$2,500
登記費（Registration Fee-Company Act 1981）	US$4,800
商業規費（Business Fee-Insurance Act 1978）	US$2,100

（2）開曼群島 Cayman Islands

於開曼群島設立專屬保險公司可擁有三種不同種類之許可證，其所能營業之範圍也不盡相同。本研究預設專屬保險公司之許可證為等級 B，其所能營業之範圍能夠承保所有種類的保險業務，除了在開曼群島內之業務[15]。其應付之政府費用如下[16]：

表九、開曼群島設立之相關費用

支付內容	金額
申請費（包括第一年之許可費）	US$8,500
每年公司費用	US$575
每年保險執照費	US$8,500

[15] http://www.webcom.com/~offshore/sh/insurance.htm

[16] http://www.atlascaptives.com/CaymanIslands.html

（3）佛蒙特 Vermont[17]

位於佛蒙特州，其營業範圍規定隨著專屬保險公司之種類而定。本研究所設立之專屬保險為純粹之專屬保險公司（pure captive insurance company），其可以承保任何風險包括承保母體以及關聯企業之風險。

表十、佛蒙特州設立之相關費用

Vermont Captive Fees *effective 1981*	
Activity	Related Fee
最初之申請費	$200
保險統計之申請考察	$4,000
發行時之執照費	$300
每年執照更新費	$300

（4）新加坡 Singapore

根據新加坡對於專屬保險營業之範圍，自 1998 年 5 月 5 日起，已開放個案申請專屬保險公司承保非集團企業的風險。其認為申請設立專屬保險的計畫能為母公司帶來經濟效益，甚至應有相當的保費收入，以因應未來的成長。該專屬保險公司對於其財務資源的運用有自主權。根據新加坡所得稅法第 134 條之稅賦規

[17] http://www.vermontcaptive.com/Regulations/Fees.cfm

定，承作非新加坡籍企業產生利潤之稅賦為 10%（不含利息）。其所應付之開辦費用如下[18]：

表十一、新加坡設立之相關費用

支付內容	金額
設定登記費用	GSD4,800 約 US$3468
證照費	GSD5,000 約 US$3,613
簽證費	GSD300 約 US$217

（三）、設置分析與最佳模式

綜合以上資料，本研究選擇專屬保險公司之設置地點位於新加坡，其原因包括：

1. 新加坡為亞洲第一個設置專屬保險專區之國家，故其應有相當完善之規劃。
2. 台灣日後若欲推動國外來台設置專屬保險，應對亞洲地區專屬保險施行情況深入研究。故台灣證券交易所若至新加坡設置專屬保險公司，可於此吸收相關之資訊、法規、限制等，對將來對台灣欲設置專屬保險專區有很大之幫助。

再就設置專屬保險公司之資本而言，可由原台灣證券交易所提撥之 30 億中取得；保費可運用於投資基金及股票；超過風險自留的範圍可安排再保，其再保業務擬建議可與目前世界上有名

[18] 李建輝（2001）。企業實施專屬保險可行性分析——以德塔電子公司為例。碩士論文，中山大學企業管理研究所，高雄。

氣之再保公司—慕尼黑再保險公司合作。決定設置地點與資金取得後，建議可經由母公司、投資銀行以及保險公司徵聘保費運用、再保業務以及經營管理人才。

陸、結論與建議

台灣證券交易所設立之共同責任制交割結算基金，利用凍結大量資金於防範市場違約，使得資金運用缺乏靈活性。此外，交割結算基金制度屬自己保險之部份，但對損失發生頻率低但嚴重性較高之危險，因其預測不易，較不宜採取自己保險之方式。

故本研究透過相關文獻探討以及效益分析，試圖將證券交易所提撥之交割結算基金以其他方案替代之。經由 SWOT 以及效益分析之結果，本研究認為設置專屬保險公司為替代交割結算基金之最佳模式，並擬建議如下：

1. 針對台灣證券交易所四合一之影響，本研究認為證交易四合一之目的主要為公司化，並具使有國際競爭力，而未來民營——甚至不排除上市之可能性——將是不可避免的趨勢。民營化的公司在資金運用講求效益，故台灣證券交易所設置專屬保險公司可做為未來四合一後，走向民營化之風險管理參考。

2. 台灣證券交易所設立專屬保險公司代替交割結算基金，不僅能加強其資金運用之效益，亦能促使強化其平時對證券商管理稽核的能力。
3. 台灣目前對於專屬保險公司並未有明法規定。本研究建議可從保險法著手修改，將專屬保險公司列為保險人之一種；另將風險控管業務納入公司之經營項目，可藉此將風險管理意識及專屬保險公司之概念推廣至其他產業；此外，為了避免設置專屬保險公司後對於傳統保險之衝擊，應明文規定專屬保險公司不能承保本地保險之直接業務。

參考資料

一、中文部份

1. 余欣庭（2001）。專屬保險計劃在專款專用模式下之研究——從風險證券化觀點。碩士論文，國立高雄第一科技大學風險管理與保險系，高雄。
2. 李建輝（2001）。企業實施專屬保險可行性分析——以德塔電子公司為例。碩士論文，中山大學企業管理研究所，高雄。
3. 沈義舫（2004）。專屬保險公司之營運與個案研究——單一母公司情況。碩士論文，逢甲大學保險學系碩士班，台中。
4. 陳志宏（2007）。就風險控管之觀點評析我國現行證券市場「共同責任制交割結算基金特別管理委員會」之效益。碩士論文，國立政治大學經營管理碩士學程（EMBA），台北。
5. 陳真明（2002）。我國成立醫師責任專屬保險公司之財務可行性研究-現金流量分析。碩士論文，國立高雄第一科技大學風險管理與保險系，高雄。

6. 黃月圓（2005）。我國證券市場重大違約交割之研究。碩士論文，國立高雄第一科技大學，金融營運系，高雄。
7. 楊尊堡（2004）。政府辦理工程專屬保險機構可行性之研究。碩士論文。國立中興大學土木工程學系，台中。
8. 蔡月琴（1995）。台灣發展專屬保險之研究。碩士論文。逢甲大學保險學研究所，台中。
9. 蔡錦蓮（2004）。成立專屬保險公司可行性之研究——以光電業為例。碩士論文，國立高雄第一科技大學風險管理與保險系，高雄。
10. 邱金蘭（2004，7 月 26 日）。金融監理新思維系列。經濟日報。A4 版。
11. 陳芝豔等（2007，10 月 4 日）。證券四合一——明年設控股公司。經濟日報。A2 版。
12. 保險事業發展中心（2005）。專屬保險之介紹及適法性探討之座談會。財團法人保險事業發展中心第一教室，台北。
13. 保險事業發展中心（2007）。台灣～專屬保險註冊的明日之星研討會。財團法人保險事業發展中心第一教室，台北。

二、英文部份

1. Swiss Reinsurance Company (2003）. *The picture of ART*. Sigma, 1.

2. Christopher L. Culp (2002). *The ART of Risk Management: Alternative Risk Transfer, Capital Structure, and the Convergence of Insurance and Capital Markets*. WILEY FINANCE.

商業企管類 AI0010

雙起賠保險
——證券市場風險管理之新策略

作　　者 / 王　言、金鐵英、柯俊楨、鄒建中、顧純萍
責任編輯 / 鄭伊庭
圖文排版 / 陳湘陵、鄭佳雯
封面設計 / 陳佩蓉

發 行 人 / 宋政坤
法律顧問 / 毛國樑　律師
印製出版 / 秀威資訊科技股份有限公司
114 台北市內湖區瑞光路 76 巷 65 號 1 樓
電話：+886-2-2796-3638　傳真：+886-2-2796-1377
http://www.showwe.com.tw
劃撥帳號 / 19563868　戶名：秀威資訊科技股份有限公司
讀者服務信箱：service@showwe.com.tw
展售門市 / 國家書店（松江門市）
104 台北市中山區松江路 209 號 1 樓
電話：+886-2-2518-0207　傳真：+886-2-2518-0778
網路訂購 / 秀威網路書店：http://www.bodbooks.com.tw
國家網路書店：http://www.govbooks.com.tw
圖書經銷 / 紅螞蟻圖書有限公司
114 台北市內湖區舊宗路二段 121 巷 28、32 號 4 樓
電話：+886-2-2795-3656　傳真：+886-2-2795-4100

2011 年 6 月 BOD 一版
定價：200 元

國家圖書館出版品預行編目

雙起賠保險：證券市場風險管理之新策略/ 王言等合著.
-- 一版. -- 臺北市：秀威資訊科技, 2011.06
面； 公分. -- (商業企管類；AI0010)
BOD 版
ISBN 978-986-221-740-5(平裝)

1. 證券投資 2. 風險管理

563.53 100006319

讀者回函卡

感謝您購買本書，為提升服務品質，請填妥以下資料，將讀者回函卡直接寄回或傳真本公司，收到您的寶貴意見後，我們會收藏記錄及檢討，謝謝！
如您需要了解本公司最新出版書目、購書優惠或企劃活動，歡迎您上網查詢或下載相關資料：http:// www.showwe.com.tw

您購買的書名：________________________________

出生日期：_______年_______月_______日

學歷：□高中（含）以下　□大專　□研究所（含）以上

職業：□製造業　□金融業　□資訊業　□軍警　□傳播業　□自由業
　　　□服務業　□公務員　□教職　□學生　□家管　□其它_____

購書地點：□網路書店　□實體書店　□書展　□郵購　□贈閱　□其他

您從何得知本書的消息？
□網路書店　□實體書店　□網路搜尋　□電子報　□書訊　□雜誌
□傳播媒體　□親友推薦　□網站推薦　□部落格　□其他________

您對本書的評價：（請填代號　1.非常滿意　2.滿意　3.尚可　4.再改進）
封面設計____　版面編排____　內容____　文／譯筆____　價格____

讀完書後您覺得：
□很有收穫　□有收穫　□收穫不多　□沒收穫

對我們的建議：________________________________

____

____

____

請貼
郵票

11466
台北市內湖區瑞光路 76 巷 65 號 1 樓
秀威資訊科技股份有限公司 收
BOD 數位出版事業部

（請沿線對折寄回，謝謝！）

姓　　名：＿＿＿＿＿＿＿＿ 年齡：＿＿＿＿ 性別：□女 □男

郵遞區號：□□□□□

地　　址：＿＿＿＿＿＿＿＿＿＿＿＿＿＿＿＿

聯絡電話：(日) ＿＿＿＿＿＿＿＿ (夜) ＿＿＿＿＿＿＿＿

E-mail：＿＿＿＿＿＿＿＿＿＿＿＿＿＿＿＿